KB198974

해내는 것

해내는 것

조운호 지음

한 병으로 시장의 판도를 뒤집다

포르체

본질을 찾아
끝까지 질문한다

2024년 10월 10일은 대한민국에서 가장 뜨거운 뉴스가 있던 날이다. 소설가 한강의 노벨 문학상 수상 소식은 세계 문학계에 놀라움과 찬사로 이어졌다. 그도 그럴 것이 한국 최초의 노벨 문학상이기도 하지만 아시아 여성 최초 기록이기도 하다. 그녀의 작품은 국내는 물론 전 세계 서점에서 품절돼 한동안 인쇄가 따라가지 못할 지경이었다. 이는 그동안 디지털 환경 변화로 침체했던 출판계에 신선한 바람을 불어넣었다.

새로운 바람이자 신명 나는 기운인 '신바람'이다. 이는 결코 우연의 결과물이 아니다. 때가 온 것이다.

한국은 '정신 문화'와 '생활 문화'를 아우르는 문화 강국으로서의 잠재력을 지녔다. 일찍이 전 세계로 퍼져 나간 한류(韓流)

열풍이 이와 무관하지 않다. K-POP, K-드라마, K-무비에 이어 한강이 노벨 문학상을 수상하며 K-문학으로까지 이어진 것이다. 한류는 드라마나 영화, 음악과 문학 등의 정신 문화 영역을 넘어 K-뷰티와 K-푸드 등 생활 문화에 이르기까지 계속해서 확장되는 중이다. 이번 노벨 문학상 수상으로 K-컬처 확장성이 더욱 커질 것으로 보인다.

한류 열풍은 30여 년 전부터 '우리 음료의 세계화'를 주장하고 개척한 나로서 감회가 남다르다. K-음료의 발전을 이끌고자 부단히 노력했던 시간이 있기에 더욱 그렇다.

나는 오렌지 주스, 커피, 콜라가 지배한 세계 음료 시장에서 K-음료가 살아남을 수 있다고 확신하며 다양한 히트 상품을 만들었다. 쌀 음료, 보리차 음료, 매실 음료 등 한국을 대표할 수 있는 K-음료의 잠재력을 일찍이 읽어 낸 것이다. 실제로 쌀 주산국인 베트남에서는 현재 우리나라에서 판매되는 쌀 음료의 인기가 매우 높다. 보리차 음료도 생수 대체제로 일본, 미국 등 많은 국가에서 관심을 보이는 추세다. 수분 보충과 갈증 해소라는 음료의 속성을 충분히 가지면서도 무카페인, 무설탕인 보리차 음료는 인류에게 꼭 필요한 차세대 음료라고 할 수 있다.

우리의 마실 거리 역사를 살펴보면 '곡물 음료 종주국'이라 표현해도 과언이 아닐 것이다. 그동안 세계 음료 시장에서 카페인과 설탕이 함유된 기호식품이 주를 이뤘다면 이제 건강과

맛까지 모두 챙기는 생필품으로 확대되어야 한다고 믿는다. 이 과업을 우리가 해내야 한다고 생각한다.

한국의 정서가 담긴 음식, 음악, 문학 등으로 세상을 들썩이게 하는 일은 더 이상 놀라운 일이 아니다. 한국은 세계적인 문화 강국으로서 마음껏 존재감을 빛내고 있다. 수천 년의 역사를 거쳐 만들어진 온전한 우리 민족의 진면목이 때에 맞춰 드러난 것일 뿐이다. 앞으로 우리는 독창적이고 차별화된 소중한 자산들을 하나씩 찾아내 세상을 이롭게 할 수 있도록 승화시켜야 할 것이다. '가장 한국적인 것이 가장 세계적인 것'이라는 대명제가 더 많은 분야에서 활짝 꽃 피울 수 있기를 기대해본다. 코리안 스탠더드가 글로벌 스탠더드가 될 수 있다는 확신에서 비롯된 소망이다.

이 책에는 내가 음료 산업에 뛰어든 이래 30여 년간 스스로 질문하고 검증하여 실천한 이야기를 모두 담았다. 마케터이자 경영자로서 지내 온 기나긴 과정에서 고민하고 체득한 경험과 지혜를 함께 나누고자 한다. 30여 년 동안 150억 원 이상 규모의 히트 상품을 8개 만들었고, 이 중 1,000억 원대 매출을 올린 메가 브랜드를 3개 탄생시켰다. 특히 외국 브랜드 일색이던 한국 음료 시장에서 우리 음료 되찾기를 주장하는 '생활 문화 운동가'를 자처하기도 했다. 상상(생각)을 현실화(구체화) 한다는 '이매저니어링(imagineering)'의 음료판이라 할 수 있다.

모든 히트 상품의 아이디어는 질문에서 시작된다. 책에는 그런 무수한 질문에서 시작된 이야기를 모두 담았다. 신제품 개발 기획부터 시장 공략 전략과 영업, 고객 사후 관리까지 다양한 실전 노하우를 알 수 있도록 정리했다. 특히 경영 리더로서 꼭 필요한 문제 해결 방법과 실행 방안을 전하고자 했다. 성공 사례는 물론 실패에서도 배우는 지혜를 함께 담았다.

더불어 삶의 고비가 있을 때마다 인생의 터닝 포인트를 만들어 준 책과 소중한 인연 들도 소개했다.

우연한 기회로 시작한 식품인으로서의 내 역할은 점차 소명으로 변해 갔다. 소명은 목에 칼이 들어와도 해낼 수 있는 강력한 신념이자 자신감이다. 운명을 개척하는 자기 확신이자 이유 있는 도전이다. 단기 실적 평가를 받아야 하는 전문 경영인이지만 조직의 10년 뒤를 설계하고 그것을 향해 묵묵히 달려갈 수 있었던 단단한 힘인 것이다.

'세상 사람들이 추구하는 돈, 명예, 권력을 좇기보다 세상이 나를 찾을 때까지 자신을 더 가꾸어라'라고 매일 아침 스스로 주문한다. 그리고 어제와 다른 '나'로 새롭게 태어나는 나만의 의식을 치른다. 언제 어디에서 무슨 일을 하더라도 나다울 수 있다면 성공한 인생이라 여기며 살았다. 변화를 두려워하지 않고 항상 새로움에 도전하는 '청년 정신'인 '조운호다움'을 지키고 있는지 오늘도 자문해 본다.

지난 30년간 내 역할은 '해내는 것'이었다. 작은 음료 하나에도 철학을 담고 싶었다. '우리 음료 세계화'를 이루고자 하는 간절한 소망으로 세상 사람에게 이로운 음료를 만들어 주고 싶었고, 그것이 코카콜라를 이기는 길이라 생각했다. 이 생각은 지금도 변함이 없으며, 앞으로도 내 역할은 오로지 해내는 것이다.

성공과 행복은 만들어 가는 것이다. 인생도 과업도 목표보다 목적이 중요한 까닭이다. 부디 나의 소망이 끝까지 이어지기를 다짐하며, 이 작지만 소중한 경험이 이 글을 읽는 많은 이에게 조금이라도 보탬이 되기를 바란다.

2024년 12월,
예순세 번째 겨울에 조운호 씀.

목차

들어가며 본질을 찾아 끝까지 질문한다   ...5

1장 **해내는 것**
_____

할 수 있다는 믿음   ...16
인생을 바꾼 첫 만남 | 직접 찾아낸 길

질문에서 시작하는 히트 상품   ...22
이 땅에는 왜 우리 음료가 없을까 |
음료는 용기로부터 | 잃지 말아야 할 것

가을대추, 첫 히트 상품의 탄생   ...31
타깃을 정하라 | 지각 변동이 일어난 시장 | 나를 움직이게 하는 힘

시장에 일으킨 새로운 바람   ...40
운명을 바꾸는 일 | 이유 있는 도전

2장 운을 찾을 것

킹핀을 찾아라   ...46
다시 원점으로 | 실패는 힘의 원동력

아침햇살, 첫 번째 메가 브랜드의 탄생   ...52
세상에 없던 새로운 음료 | 국내 최초 1억 병 1,000억 원 매출

킹핀을 찾았다면 실천은 몰입   ...59
첫 몰입의 경험 | 간절하고 절실하게

두 번째 킹핀을 찾아라   ...67
1년 안에 결정되는 승부 | 마음을 움직이는 밀리언 셀러의 법칙

주인 정신을 가진 프로   ...75
살맛 나는 세상을 위해 | 일의 프로, 일의 포로

3장 임계점을 넘을 것

초록매실, 두 번째 메가 브랜드의 탄생   ...82
신기록을 깬 신기록 | 한국의 장 모네

흐름을 내 것으로 만들 준비   ...89
코카콜라를 이길 수 있는 음료 | 사람을 살리는 음료

하늘보리, 세 번째 메가 브랜드의 탄생   ...97
우리만의 시그니처 음료 | 상상하면 이루어지는 현실

블랙보리, 또 하나의 메가 브랜드   ...104
하늘보리 이상의 성공 | 기호식품을 넘는 생필품 음료의 미래

4장 틀을 부술 것

자연은, 네 번째 메가 브랜드의 탄생   ...114
틀을 공략하는 방법 | 스킬보다 중요한 마인드

기존의 공식에서 새로운 공식으로   ...121
보이지 않는 시장 탐색 | 자연한끼, 코리안 브렉퍼스트

올프리 하이트제로, 무궁무진한 잠재력   ...127
설탕 없는 탄산음료 | 국내 최초 맥주 맛 보리 탄산음료

소토닉, 진로토닉워터, 문제의 해답은 늘 가까운 곳에   ...134
40년간 크지도 죽지도 않은 음료 | 영국 진토닉, 한국 소토닉

미래를 예측하고 장악하는 힘   ...140
미래 시장을 주도하는 능력 | 스스로 믿는 감정, 자신감

5장 다르게 생각할 것

고정 관념에서 벗어난 역발상 마케팅   ...148
남들 쉴 때 움직이는 비수기 전략 | 최선이 아닌 최고의 목표

은행원 출신이 성공한 이유   ...155
마케팅 1세대의 출범 | 수요는 있으나 상품화되지 않은 것

문을 두드리면 나타나는 기회   ...161
한정된 자본에서 최대한의 효과를 내는 법 | 부딪치면 찾아올 행운

새 시대가 요구하는 리더십   ...165
SNS로 연결된 마음 | 소비자와 소통하는 CEO

성공에서 지식, 실패에서 지혜   ...170
첫 실패에서 발견한 깨달음 | 더 큰 도전을 위한 도약

사람이 만드는 신명 나는 일터   ...176
좋은 직장의 필수 조건은 동기 부여 | 결국 사람을 이롭게 하는 일

6장 기회를 붙잡을 것

하늘에 닿는 꿈, 땅에 닿는 발 ...184
소중히 키운 꿈 | 두 마리 토끼를 잡기 위한 노력

나의 역할과 가치관을 만들어 준 길 ...190
30여 년을 버티게 한 인문학의 힘 | 최고 책임자의 역할

도전하는 리더로서 살기 위한 여정 ...197
인생의 4모작을 위한 매듭짓기 | 4개월간 나만의 세계 일주 | Between jobs

인생의 터닝 포인트를 만들어 준 인연들 ...205
네 가지 화두 - 금표 스님 | 영혼이 춤추는 일을 하시게 - 이어령 선생님 |
대몽대각 - 현대 서예가 황석봉 | 운경(雲耕) - 조선백자 명장 항산 임항택

우리의 세계화 이념, 얼쑤이즘(Earthism) ...214
세계화에 편승하지 말고 주도하라 | 얼쑤이즘이 표방하는 진정한 세계화

1장

해내는 것

할 수 있다는
믿음

인생을 바꾼 첫 만남

나의 인생을 바꾼 음료와의 인연은 아주 엉뚱한 곳에서 시
작한다. 1995년 웅진은 출판과 정수기 사업 등으로 자리를 잡
으면서 어느 정도 그룹의 면모를 갖추는 중이었다. 그런데 계
열사 중에서도 웅진인삼만큼은 도무지 해답이 보이지 않았다.

인수 9년 만에 대표이사가 8명이 바뀌는 진기록을 낳은 웅
진인삼은 130여 명의 직원이 있는 제법 규모 있는 조직이었
다. 그런데 사업이 제대로 돌아가지 않아 월 매출액은 5억여
원 수준에 그쳤고, 심지어 적자까지 나는 중이었다. 이에 회사
에서는 웅진인삼을 건강 식품 회사로 전환하기 위해 많은 노
력을 기울였다.

그 일환 중 하나가 바로 '타히보 차(Tea)' 출시였는데, 이것

이 뜻밖의 대박을 터트렸다. 출시 첫해에 150억 원이 넘는 매출을 올린 것이다. 기대 이상의 성과에 고무되어 회사에서는 OEM(주문자의 상표를 부착해 상품을 납품하는 위탁 생산 방식)이 아닌 직접 생산을 결정하고, 공주시 유구읍 1만 평 부지에 2,000여 평의 생산 공장을 건설하기에 이른다.

　하지만 성공의 순간은 짧았다. 이듬해 제품의 거품이 꺼지고 내부적인 문제가 발생하면서 타히보 차의 매출이 거의 끊어지게 되었다. 더 큰 문제는 공장이었다. 타히보 차를 생산하기 위해 짓고 있는 공장 설비 투자를 더는 진행시킬 수 없었다.

　당시 웅진인삼은 금방이라도 침몰할 위기에 놓인 선박 같았다. 기획 조정실에서 계열사의 경영 지원과 재무 관리 업무를 하던 내가 그 상황을 모를 리 없었다. 그렇게 계속 늘어나는 적자를 바라보며 한숨만 짓던 어느 날, 이야기가 이상한 방향으로 흐르기 시작했다. 은행원 출신으로 평생 숫자만 만져 온 내게 뜬금없이 웅진인삼으로 가서 신사업을 기획하라는 명령이 떨어진 것이다. 당시 만으로 서른셋, 입사 5년 차에 기획 조정실 총괄 팀장을 맡은 1년 차 과장이었다. 나름 회사에서 안정적으로 자리를 잡았다고 생각했는데, 그것은 나의 착각이었을까? 무거운 걸음으로 집에 돌아온 그날 저녁, 천천히 생각을 정리하기 시작했다. 예상치 못한 인사 발령이 당황스러웠던 것은 사실이지만 일단 상황을 받아들이기로 했다.

살다 보면 누구나 원치 않는 상황이나 사람을 마주치게 될수 있다. 이때 나는 문제를 해결하기 위해 상황을 있는 그대로 받아들이는 방법을 택한다. 내게 돌아올 이익과 손해를 먼저 계산하면, 자신도 모르는 사이에 선입견과 고정 관념이 생기기 때문이다. 그렇게 거짓 없이 받아들이고 고민하는 것과, 손익을 계산하여 해가 될 것을 미리 차단하고 생각하는 것은 180도 다른 결과를 가져온다.

현실을 냉정하게 파악했을 때 공장에서 계속 적자를 내는 인삼이나 타히보 차를 계속해서 생산할 수 없었다. 판도를 뒤바꿀 만한 새로운 무언가가 필요했다. 머뭇거릴수록 적자만 커지리라는 판단하에 바로 웅진인삼 행을 결정했다. 그리고 회장님 앞에서 덜컥 큰소리부터 쳤다.

"1년 안에 히트 상품 들고 사진 찍게 해 드리겠습니다."

이제 얼마나 그 판을 빨리 읽고 해결책을 찾아내느냐가 관건이었다.

직접 찾아낸 길

막상 공장이 있는 공주에 내려가 보니 숨이 턱 막혔다. 공장 건물이 생각보다 훨씬 크고 거대했기 때문이다. 여타 다른 식품 회사의 공장들처럼 조립식 건물이 아니라 공장 내에 견학로까지 따로 만들어 놓을 정도로 큰 규모로 짓고 있었다. 저 반듯한 공장은 대략 5~6개월 후면 완공이 될 것이다. 문제는 상품이다. 그때까지 무엇을 만들어 낼 것인지 결정하지 못하면 공장은 속 빈 강정이 되고 만다. 하루라도 빨리 거대한 골리앗을 처리할 방법을 찾아내야 했다.

솔직히 말하자면 웅진인삼에 내려갈 당시만 해도 은근히 믿는 구석이 있었다. 인삼 제조 기술의 노하우를 살려 인삼 제품을 만들 생각을 했던 것이다. 하지만 나의 기대는 차가운 현실의 벽 앞에서 어김없이 무너지고 말았다. 인삼은 오랫동안 국가에서 독점하는 제품인 데다가 국내 시장의 유통 질서가 엉망이었다. 영세한 업체들이 많다 보니 관광버스에 할머니들을 태워 공장을 견학시키고 물건을 판매하는 방식이 주를 이루었던 것이다.

그렇다고 수출을 하자니 다른 나라의 제품들과 가격 경쟁이 되지 않았다. 우리나라 인삼은 수출 시 정부가 규제해 놓은 사포닌 함량을 맞춰야 하는데 이를 맞추려면 단가가 올라갈 수밖에 없다. 품질이 좋아도 턱없이 비싼 가격은 경쟁력에서 치

명적인 단점이었다. 이미 사포닌 함량이 낮은 저가 인삼들이
판을 치는 해외 시장에서 가격이 비싼 우리 인삼이 살아남을
수 있을 리 없었다. 그야말로 사면초가였다. 결국 인삼은 아니
라는 결론이 내려졌다.

고추장이나 된장 같은 장류를 만들어 볼까? 아니면 김치는
어떨까? 이런저런 고민을 하는 동안 시간은 흘러갔다. 그러던
중 음료까지 생각이 미친 것은 바로 음료 용기의 표준화를 발
견하면서부터였다. 나에게는 그야말로 획기적인 발견이었다.
　과자나 자동차, 조선과 같은 장치 산업(각종 대규모 장치를 설비
하여 제품을 생산하는 산업)은 한마디로 설비 투자 사업이다. 사각
형 모양으로 만든 과자를 출시했다가 실패하면, 별 모양이나
꽃 모양의 과자를 만들기 위해 기존 설비 라인을 모두 바꿔야
한다. 하지만 용기가 표준화되어 있다는 말은, 제품 하나가 실
패하더라도 내용물과 라벨만 바꾸면 생산 라인을 그대로 쓸
수 있다는 얘기였다. 그만큼 투자 리스크가 상대적으로 적다
는 뜻이다. 나는 그렇게 3개월간의 시장 조사와 긴 고민 끝에
2,000평 규모의 공장에 음료 사업 기반 생산 설비를 갖추기로
결정했다.
　나는 음료의 '음' 자도 모르는 사람이었다. 음료 사업을 하려
면 우리나라 음료 시장에서 누가 무엇을 만들고 또 어떻게 판
매하는지 알아야 할 것 아닌가. 퍼즐 전체를 보지 않으면 퍼즐

조각을 맞추기 힘들다. 각 조각들의 의미와 위치를 알려면 전체 그림을 봐야 한다. 나는 서둘러 음료 시장을 살펴보기 시작했다.

내가 원하든 원치 않든 마주한 현실을 피하지 않고 있는 그대로 받아들여 내가 할 일을 찾아 최선을 다하는 것이 나의 방식이다. 자칫 무모할 수 있지만 일단 역할이 주어졌다면 해낼 수 있다고 진심으로 믿는다. 그다음 결과에 이르는 길을 직접 찾아내는 것이다. 이는 어릴 때부터 지금의 나를 형성한 오래된 철학이기도 하다.

질문에서 시작하는
히트 상품

이 땅에는 왜 우리 음료가 없을까

음료 문외한인 내가 음료 사업을 하기 위해 우선 시장을 파악해야 했다. 당시 소비자의 사랑을 받는 기존 음료를 조사해 보니 오렌지 주스를 중심으로 한 주스 시장이 45%, 사이다나 콜라 등의 탄산음료가 35%가량을 차지했다. 시장 조사를 하면 할수록 자신감이 떨어졌다. 후발 주자로서 대기업과 싸워 이겨야 한다는 부담감도 있었지만, 칠성사이다와 코카콜라는 물론 썬키스트 같은 유명 브랜드를 어떻게 뛰어넘는단 말인가?

그 당시 대략 2조 5천억 원 규모의 우리나라 음료 시장은 롯데, 해태, 코카콜라와 같은 이른바 '빅3' 기업이 시장의 80%를 장악했다. 나머지 20% 시장을 놓고 150여 개의 중소 업체들이 치열한 전쟁을 벌인 것이다. 즉 이미 과점 시장이었던 셈이다.

게다가 대기업들은 신규 업체들의 시장 진입을 용납하지 않았다. 자본이나 조직력 면에서 뒤지지 않는 CJ와 LG도 뛰어들었다가 포기할 만큼 진입 장벽이 높은 시장이기도 하다. 외국이라고 해서 별반 다를 바 없다. 오죽하면 미국 광고 시장에서 음료 회사 CEO의 이미지가 고집불통의 대명사로 통하겠는가. '독불장군'이라는 타이틀을 얻을 정도로 꾸준히 밀어붙이는 일관된 입장과 신념이 없으면 결코 살아남을 수 없는 시장인 것이다.

자본력이나 조직력, 기술력 등 모든 면에서 다윗과 골리앗의 싸움이 될 게 분명했다. 그러나 정답이 없는 문제는 없다. 분명 이 난국을 돌파할 방법이 있을 것이다. 순간 다른 나라들의 음료 시장이 궁금해졌다. 우리보다 5~60년을 먼저 시작한 나라들이니 분명 배울 게 많을 것이라고 생각했다. 흔히 바둑을 배울 때 '복기(復棋)'라는 것을 한다. 몇 년을 독학하기보다 고수들이 두었던 수를 그대로 따라 두며 실력을 향상시키는 것이다. 나는 음료 시장에 눈이 밝은 선배들의 비법을 알아내기 위해 서둘러 도서관으로 향했다.

그런데 생각 외로 음료를 다룬 자료가 많지 않았다. 배가 고플수록 음식 냄새에 민감해지듯 아주 작은 정보라도 놓치지 않으려고 정신을 집중해 자료를 뒤적이기 시작했다. 치열하게 조사하던 중 '외국 브랜드 한국 도입 연도표'라는 제목의 통계 자료를 발견했다. 외국 음료 브랜드를 일목요연하게 정리한 자료였다. 그간의 우리나라 음료 시장 속 음료 트렌드를 파악할 수 있겠다는 마음으로 챙겨 들었다. 하지만 나는 그 한 장의 종이에서 미처 몰랐던 놀라운 사실을 발견했다.

우리나라 모든 음료의 약 90%가 로열티를 주고 외국에서 들여온 수입 브랜드였다. 당연히 메이저 3사에서 주도하여 판매하는 중이었다. 게다가 나머지 10%조차 자체 브랜드라고 할 수 없는 카피 제품 일색이었는데, 주로 일본 시장에서 성공한 제품들을 모방한 것이었다. 물론 해방 이후 비료 공장 하나 제대로 없던 나라에서 외국의 자본과 설비, 기술로 일어서는 것은 당연한 일이었을 것이다. 하지만 그 세월을 바탕으로 초고속 성장을 이룬 우리나라 음료 시장은 여전히 50년 전의 수준과 별반 다르지 않다는 사실이 몹시 충격적이면서도 부끄러웠다. 비싼 로열티를 지불하면서 브랜드, 디자인, 광고까지 외국의 것을 그대로 가져다 사용한 것이 바로 우리 음료 50년의 역사였던 것이다.

이 자료에 적힌 숫자들은 새롭게 음료 시장에 뛰어들고자 하는 젊은 식품인에게 깊은 부끄러움과 함께 전투 의욕을 불러일으켰다. 이는 바늘 끝으로 커다란 얼음을 깨려는 무모한 시도처럼 보이는 동시에 작은 가능성이라도 보여 준 일말의 희망이기도 했다.

우리는 다른 민족이 가지려 해도 가질 수 없는 찬란한 5,000년의 역사를 가진 민족이다. 우리만의 고유한 마실 거리가 없다는 것은 말이 안 된다. 우리 민족은 오랫동안 숭늉이나 보리차, 대추 달인 물, 유자차 등의 고유 음료를 마셔 왔다. 우리 입맛을 길들인 음료들, 그것도 몸에 좋은 음료들이 참 많다. 그런데 왜 우리 땅에서 자란 원료가 아닌 외국에서 자란 원료로 만든 음료가 한국 시장을 지배하고 있단 말인가? 왜 우리는 별다른 선택의 여지 없이 대기업이 만들어 내는 외국 음료만 마셔야 하는가? 이는 지금까지 그 누구도 우리 음료를 만들고자 노력하지 않은 결과다. 말 그대로 못한 것이 아니라 안 한 것이다. 나는 이제 내가 해야만 하는 일에 가닿기 위한 가장 핵심적인 질문을 던졌다.

"이 땅에는 왜 우리 음료가 없을까?"

나는 이 문제가 조직력이나 자본력의 싸움이 아니라는 사실을 깨달았다. 서양의 마실 거리에 밀려 이 땅에서 설 자리를 잃어버린 우리 음료가 우뚝 설 자리를 만들어야 했다. 서양 문명의 이기를 인정하고 기술은 받아들이되, 그 용기 안에 담긴 내용물은 우리의 것으로 채우면 되는 것이다. 서양의 음료에 잠식되던 우리 입맛을 되돌리기 위해 노력한다면 소비자들은 분명히 그 사실을 알아 줄 것이라고 믿었다. 나는 메마른 땅에서 발견한 작은 새싹을 키워 내기로 했다.

음료는 용기로부터

우리 음료를 만들어야겠다고 결심한 뒤 구체적인 제품을 고민하고 음료 시장을 조사하는 과정에서 문득 새로운 의문이 생겼다. 우리나라는 실제로 5,000여 년의 식음료 역사를 가졌다. 그런데 왜 우리나라 음료 시장의 역사가 약 50여 년쯤 되었으며 그 규모는 2조 5천억 원이라고 정의하는 것일까? 그 답은 바로 '용기(容器)'에 있다. 나는 '음료의 역사는 용기의 역사'라고 재정의한다.

음료란 청량음료나 우유 등 비알코올 음료와 술과 같은 알코올음료 등 사람이 마실 수 있는 액체를 총칭하는 단어다. 그리고 음료의 역사는 캔이나 병과 같이 그 음료를 담아낼 수 있는 용기의 탄생과 맥을 같이 한다. 용기가 없었다면 사람들이 쉽게 사서 마시는 상품으로 시장에 존재하기 어려웠을 것이라는 이야기다.

핸드 메이드나 홈 메이드로 만들어 먹는 음료는 쉽게 상하거나 운반이 어려워 상품으로 존재하기 어렵다. 하지만 용기에 담긴 음료는 개봉만 하지 않으면 어느 정도 보존할 수 있다. 또 언제 어디서나 쉽게 들고 다닐 수 있으며, 컨테이너에 실어

전 세계로 수출도 가능하다. 즉 용기는 보존성, 편리성, 경제성을 갖춘 현대 과학 문명의 이기(利器)라고 볼 수 있다.

　　나폴레옹에 의해 프랑스에서 시작했다고 알려진 용기의 탄생은 약 200여 년 전으로 거슬러 올라간다. 장기간의 전쟁 속에서 군사 식량의 보존성이나 운반의 편리성을 갖춘 식품 보존 방법을 고민하다가 대국민 공모로 채택한 방법이 바로 캔 통조림이었다. 이후 알루미늄으로 만든 캔이나 유리병과 페트병 등 다양한 용기가 개발되어 대량 생산되기 시작했다. 용기의 대량 생산은 곧 식음료 가공식품의 대량 생산을 가능하게 만든 역사적 사건이기도 했다. 용기의 탄생과 함께 형성된 세계 음료 시장은 산업 혁명 이후 유럽에서 본격적으로 시작되어 약 230여 년의 역사를 가진다.

　　우리나라 음료 산업은 해방 이후 서양의 기술과 설비 등을 그대로 도입하여 발전했다. 대량 생산 설비와 기술을 들여오는 과정에서 용기와 그 안에 담긴 내용물까지도 함께 들여왔다. 일제 강점기에 일본이 남기고 간 사이다 공장을 한국인 7명이 정부로부터 불하(拂下)받은 칠성사이다가 그 시작이었다. 이는 1972년에 롯데가 인수하면서 롯데칠성이 되었다.

　　미 군정 때 들여온 것으로 보이는 코카콜라도 1974년 한국에 보틀링 법인(코카콜라는 전 세계 어디에서나 코카콜라 브랜드 음료를 제공하기 위해 각국의 보틀링 파트너와 함께 비즈니스를 운영한다)을 설립하면서 우리나라 음료 시장에 합류하게 된다. 1970년대부터 환타와 스프라이트 등 다양한 탄산음료를 중심으로 시장이 확대되면서 1980년대에는 오렌지를 중심으로 하는 주스 시장이 형성되기 시작했다. 1982년에 해태가 썬키스트와 상표 사용 및 기술 지원 계약을 맺었고 1984년 1월부터 시판에 들어갔다. 이에 질세라 롯데는 1983년 미국 델몬트 본사와 라이센스 계약을 맺고 판매에 나섰다.

스포츠 음료라 불리는 이온 음료는 1980년에 일본 오츠카제약에서 개발한 포카리스웨트가 1987년 한국 동아제약과 합작하며 시판되었다. 포카리스웨트와 동시에 미국 게토레이는 한국 제일제당에서 1987년 라이센스 계약을 맺고 국내 시판에 들어갔다. 커피도 미국 제너럴 푸드가 한국 자본과 합작하여 세운 동서식품에서 1985년 맥스웰 캔 커피를 출시했고, 이후 네슬레와 코카콜라 합작 법인이 네스카페를 따라 내며 시장을 키워 나갔다.

이처럼 우리나라 음료 시장은 1960~1970년대의 탄산음료 중심에서 1980년대의 주스와 커피, 이온 음료 등에 이르며 다양한 제품이 경쟁적으로 출시되었다. 대부분 세계적인 유명 브랜드의 상표 사용권과 기술 지원 라이센스를 받은 국내 기업들이 해외 브랜드의 한국 진출 첨병 역할을 충실히 했다. 그래서 이때까지만 해도 한국 내에서 유통되던 음료 대부분은 세계적인 글로벌 브랜드 일색이었다.

잃지 말아야 할 것

　1990년대에 이르러 지역을 기반으로 한 자국 음료 붐이 본격적으로 일어나기 시작했다. 사실상 그 신호탄을 쏘고 기반을 다진 것이 바로 웅진식품에서 내가 기획한 제품들이다. 내가 만든 상품이 출시되기 이전에 일화기업의 '맥콜'이나 비락기업(현 팔도기업)의 '비락식혜' 등이 있었지만 대기업의 무차별적 공격과 견제를 이기지 못하고 단기간에 힘을 잃었다. 이는 특별한 후속 제품 출시 없이 일회성 히트 상품에 그친 사례들이다.

　1995년에 음료 사업을 처음 시작하면서 나는 서양 과학 문명의 이기인 용기와 내용물을 분리해서 생각하고, 그 용기 안에 우리 것을 담자고 주장했다. 대추와 쌀과 보리, 그리고 매실 등을 음료 용기에 담아 잃어버린 우리의 입맛을 찾고자 했던 노력은 실제로 그 성과를 거두었다. 이제 전 세계 어디에서도 우리나라 음료 시장만큼 다양하고 전통적인 음료 제품을 만나기 쉽지 않다. 공급자의 마인드가 아니라 소비자의 잠재된 욕구에 집중하면 반드시 시장이 만들어진다는 산 증거라고 할 수 있다.

　물론 여전히 우리 식탁에는 알코올음료와 켈로그 같은 시리얼 제품, 수입 과자, 과일 등 헤아릴 수 없이 많은 수입 제품이 올라온다. 글로벌 시대인 만큼 세계의 가공식품을 소비자들이 쉽게 먹을 수 있는 기회를 주는 것도 필요하지만, 그 용기에 우리 고유의 식문화를 담는 지혜도 함께 발전해야 할 것이다. 그리고 우리가 수십 년간 서양의 식음료를 즐겼듯이 우리 식음료 문화를 전 세계 사람이 함께 즐기도록 만들어야 하지 않을까?

19세기 중엽, 서양 문물이 아시아로 물밀듯 들어오기 시작했을 때 한·중·일 3국이 상황 타개를 위해 내세웠던 서구 문명 수용 논리가 있었다. 한국은 동도서기론, 중국에서는 중체서용론, 일본에서는 화혼양재론을 주장했다. 삼국 모두 공통적으로 주장한 내용은 서양의 새로운 문명은 받아들이되 자신들의 문화와 사상을 지키고 전통의 맥을 잃지 않아야 한다는 것이었다. 그로부터 150여 년이 흐른 지금, 새삼스럽게 21세기 신동도서기론을 외치지 않더라도 문화의 경계가 사라져 가는 현시대에 걸맞은 자세와 지혜가 요구된다.

많은 지도자와 학자가 '글로벌 스탠더드'를 주장하고 이의 실천을 강조한다. 앞서간 국가들의 국제 표준을 배우고 익혀 세계적 수준이 될 수 있도록 따르자는 논리가 강하다. 경계가 없는 글로벌 시대에서 이미 앞서간 이들에게 배울 것은 배워야 한다. 하지만 이에 앞서 우리 것을 소중히 여겨 세계적인 표본이 될 수 있도록 만드는 것이 더욱 가치 있는 사실이라는 점도 후대에게 일깨워 줘야 한다.

가을대추,
첫 히트 상품의 탄생

타깃을 정하라

집에서 만들어 먹던 마실 거리를 밖에서도 들고 다니거나 사 먹을 수 있게 만든 현대 문명의 결과물 중 하나가 바로 앞서 말한 '용기'다. 만약 서양의 용기 기술이 우리 역사 속에 있었다면 과연 우리는 무엇을 담아냈을까? 200여 년 전으로 거슬러 올라가 보면 얼추 그림이 그려진다. 음료 사업을 하기로 결정한 뒤 우리 원료만으로 로열티 없이 순수 국산 음료를 만들겠다는 의지를 다진 나는 곧바로 음료 용기 캔의 생산 설비 발주에 들어갔다. 대략 6개월 정도의 시간이 걸린다고 했지만 최대한 빠르게 구체적인 제품을 구상해야 했다.

막연하게 전통의 마실 거리를 떠올리며 신규 제품을 고민하던 중에 웅진식품 음료로 약국 영업을 하던 영업 사원이 몇 차례 나를 찾아왔다. 약국에서 대추 드링크의 반응이 좋은데 '대보원'이라는 이름에서는 대추가 연상되지 않으니, 제품명을 '대추원' 등으로 알아듣기 쉽게 바꾸어 달라는 요청을 하기 위해서였다. 대보원은 한 달에 10만 병 정도 판매되는 기능성 음료였다. 당시 한창 화제가 되던 다른 음료들에 비하면 판매량이 1/7 수준에 불과했기 때문에 내 관심 밖의 상품이었다.

처음에는 대수롭지 않게 받아들이다가 두어 차례 반복되는 요청을 듣고 판매 동향을 살펴보니 실제로 최근에 판매가 조금씩 늘어나는 추세였다. 그 순간 대추를 음료로 만들어 보면 어떨까 하는 생각이 머리를 스쳤다. 200여 년 전에 우리 서민들이 피로 회복과 영양 보충을 위해 마셨을 법한 대추차가 있지 않던가. 당시에 용기가 있었다면 분명히 대추차를 들고 다니면서 마셨을 것이다.

당장 기획 회의에 들어갔다. 내 마케팅 기획의 논리는 분명했다. 20대는 콜라와 같은 탄산음료를 주로 소비하고, 40대 이상부터는 박카스나 인삼차 같은 기능성 음료를 즐겨 찾는다. 그런데 30대를 위한 음료는 마땅히 없다는 점에 주목했다. 어찌 보면 30대는 맛과 건강을 모두 챙기기 위해 노력하는 나이대다. 이들은 맛의 즐거움 때문에 탄산음료를 마시면서도 건강을 지키고자 기능성 음료를 챙겨 먹는다. 이런 이들을 위해 갈증 해소뿐만 아니라 마음까지 달래 주는 음료를 제대로 만들고 싶었다.

책 《어린 왕자》 속 한 구절이 문득 떠올랐다. "목마른 사막에서 우물을 찾아 스스로 두레박으로 길어 올려 마시는 물은 목을 적시기보다 가슴을 적신다." 이 구절을 읽고 우리의 제품이 가슴을 적시는 음료가 되기를 바라면서 시골에 고향을 둔 30대 남성 직장인을 타깃으로 정했다. 타지에서의 직장 생활이 고되고 힘들 때 빨갛게 잘 익은 고향의 대추나무를 생각하며 마시는 음료가 콘셉트였다.

'대추'가 들어가되 한약의 이미지가 떠오르지 않는 이름과 잘 익은 가을의 대추나무를 연상하게 하는 서정적인 이미지가 필요했다. 최종적으로 순우리말의 이름 '가을대추'라고 명명하기로 했다. 디자인은 잘 익은 검붉은 대추색으로 결정했다. 누구나 멀리서 봐도 가을대추 음료라는 걸 알 수 있도록 말이다.

지각 변동이 일어난 시장

첫 음료 제품으로 가을대추의 출시 검토를 진행하며 외부 리서치 회사에 신제품 출시 타당성 검토를 해 보았는데 반응이 꽤 좋았다. 대추라는 소재가 워낙 익숙하다 보니 낯설지도 않고 오히려 '진작 있었을 법한 제품'이라는 반응이 주를 이루었다. 다만 음료로 즐기려면 일단 목 넘김이 시원하게 좋아야 하는데, 진한 맛의 버전으로는 그 부분이 곤란했다. 이에 연구소에 개발 의뢰를 했는데 당시 연구소장은 만들어 줄 수 없다고 단칼에 거절했다. 삼계탕에 인삼과 함께 몇 알 들어갈 법한 한약재로 음료를 만들어 봤자 팔리지도 않는다는 것이었다. 엎친 데 덮친 격으로 영업부장은 이 제품이 팔리면 자기 손에 장을 지진다며 고개를 내저었다. 첫 신제품의 출시를 앞두고 내부의 반대부터 격렬하니 그야말로 첩첩산중이었다.

절박한 마음으로 꾀를 냈다. 회장님을 모시고 내부 간부들을 대상으로 외부 리서치 회사가 실시한 '가을대추 출시 타당성 조사' 결과를 발표하기로 한 것이다. 이름도 디자인도 콘셉트도 다 좋다는 대목에서 좌중의 안도와 기대의 기운이 느껴졌다. 하지만 맛을 두고는 부정적인 의견이 있었다. 다 좋은데 진한 맛이라 음료로서 부적합하다는 내용이었다. 순간 회장님의 불호령이 떨어졌다.

"연구소장! 맛이 안 좋다고 하잖아요, 맛이!"

이제 게임은 끝난 셈이었다. 얼마 후, 콘셉트에 딱 들어맞는 대추 음료의 맛이 나왔다. 아무도 예상하지 못했던, 아니 모두가 비관적이었던 가을대추는 출시 첫해 170억 원 매출을 달성했다. 첫 번째 히트 상품이 탄생하는 순간이었다.

가을대추의 눈부신 성공은 음료 업계에서 작지 않은 반향을 일으켰다. 무엇보다 한약재로 쓰이는 대추와 같은 열매가 음료에서 좋은 반응을 얻고 있다는 사실에 시장 전체가 고무되었다. 특히 농협(농민협동조합)은 반색을 하며 당귀 등 수많은 신제품을 쏟아 냈다. 농협처럼 규모가 큰 곳에서 적극적인 반응을 보여 주니 몹시 반갑고 기뻤다. 이뿐만 아니라 제과 회사를 비롯해 제약 회사까지 너나 할 것 없이 대추 음료를 출시하기에 이르렀다. 가을대추 이후로 롯데나 해태 등 여러 기업에서 50개가량의 카피 제품이 쏟아져 나왔다. 그렇게 오렌지 주스, 커피, 콜라로 한정되던 음료 시장에 본격적인 지각 변동이 일기 시작했다.

후일담이지만 내가 음료 사업을 준비하면서 능률협회 히트 상품 선정 담당자를 찾아간 적이 있었다. 히트 상품에 있어 그 당시 국내 최고로 권위 있는 상이 '능률협회 마케팅 대상'이었기 때문에 그 선정 기준이 궁금했다. 담당자를 만나 질문을 했더니 내가 가진 아이템이 무엇이냐고 물었다. 아직 정하지 못한 상태라 기준을 알고 싶다고 했더니 내 얼굴만 빤히 쳐다보길래 나와 버렸다. 그리고 1년 후 그들이 내 사무실로 찾아왔다. 1995년에 런칭한 가을대추가 대박이 나서 능률협회 마케팅 대상 후보에 올라 심사를 위해 방문한 것이다. 1년 전 기억을 떠올리며 설레는 마음으로 심사에 임했다.
그들의 첫 질문은 "가을대추의 제품 개발 철학이 무엇입니까?"였다. 나는 속으로 게임은 끝났다고 외쳤다. 내가 신제품을 준비하면서 제일 중요하게 생각한 것이 제품 개발 방향과 철학이었기 때문이다. 제품 기획을 위해 시장 조사를 한 결과 외국 음료 일색이던 국내 시장에 우리 음료를 자리 잡게 하겠다는 일념으로 개발했다고 자신 있게 설명했다. 그리고 얼마 후, 가을대추가 올해의 마케팅 대상으로 선정되었다는 연락을 받았다. '우리 음료의 세계화'라는 분명한 철학이 담긴 가을대추는 그렇게 당당히 국내 음료 시장에 입성했다.

나를 움직이게 하는 힘

"우리는 해방 이후 50년 동안 외국 브랜드 음료를 마실 수밖에 없었습니다. 우리 음료의 세계화는 외국 음료가 판을 치는 우리나라 음료 시장에서 우리 음료가 먼저 자리 잡게 하는 데서 출발합니다. 이 땅의 진정한 마실 거리를 찾아 국내는 물론 세계 시장에 나서도록 하겠습니다."

우리나라 음료 시장을 조사하며 답답하고 흥분되는 마음을 메모장에 적어 둔 내용이다. 나는 '가을대추' 출시 당시 이 카피를 광고로 만들어 내기로 했다. 주요 일간지 백면에 전면 컬러 광고를 내려면 편당 약 1억 원씩 하던 시절이었다. 2편쯤은 내야 효과가 있을 텐데 회사 월 매출이 약 4~5억 원밖에 안

되는 상황이라 차마 말을 꺼내기 어려웠다. 결국 고심 끝에 회장님께 보고 없이 선 집행한 뒤 후에 보고하기로 결심했다. 당시에는 주로 스포츠지에 가볍게 광고물을 제작하던 시절이라 고가 일간지에 무거운 카피를 내보낸다는 건 승인받기 어렵다고 판단한 것이다. 그럼에도 무조건 감행해야 한다고 생각했다. 외국 음료 일색인 시장에서 경쟁사에게 선전 포고를 하고, 내부 직원들에게는 자부심을 심어 주기 위한 목적이었다.

나는 광고와 재판, 그리고 디자인은 늘 최고를 써야 한다는 신념이 있다. 당대 최고 광고 대행사인 제일기획을 불러 내가 작성한 카피로 신문 광고 시안을 만들어 달라고 요청했다. 하루 만에 시안이 나왔는데 타이틀부터 마음에 쏙 들었다.

"이 땅의 자존심으로 태어났다, 가을대추"

광고 배경에 3.1 운동 당시 만세 사진이 흑백으로 들어가고, 제품의 컬러 사진이 절반 정도 크기로 올라갔다. 한쪽에는 내가 적은 카피 문구를 다듬어 넣었다. 시안을 보고 단박에 오케이 사인을 했다.

광고가 나가기 전날 사무실에 들른 회장님께 살짝 귀띔만 해 두었다. 광고 내용이나 금액은 언급하지 않고 그냥 재미있는 광고 하나가 나갈 것이라고 말씀드렸다. 당일 아침 광고를 보고 마음에 쏙 들었지만 회장님 승인을 받지 않고 집행한 터라 불호령이 떨어질 수도 있어 마음을 졸여야 했다. 오후에 사무실에 내려온 회장님께 조심스레 보여 드렸다.

"광고 좋던데?"

그 한마디로 서로 통한 느낌이 들었다. 마케터로서 책임을 지고 소신껏 집행하여 결과 느낄 수 있는 최초의 보람과 뿌듯함이었다.

나에게 '우리 음료를 만들어야 한다'는 생각은 단순히 회사를 살리는 것 이상의 중요한 소명감이었다. 한 사람의 인생을 바꾸고, 나아가 세계를 바꿀 수 있는 소명 의식은 누가 만들어준다고 되는 것이 아니다. 그렇다고 취업의 필수 조건으로 꼽히는 좋은 학교, 높은 학점, 토익 점수와 공모전 당선 등의 스펙에도 속하지 않는다. 그러나 이러한 소명 의식은 무엇보다 자기 자신에게 엄청난 열정과 힘을 불러일으킨다. 만약 내가 단순히 이익을 쫓았다면 시장에서 검증되지도 않은 우리 음료를 만들 생각은 하지 못했을 것이다.

첫 제품이었던 가을대추를 비롯하여 아침햇살, 초록매실, 하늘보리, 자연은, 블랙보리, 올프리 하이트제로, 소토닉 진로토닉워터 등 수많은 히트 상품이 나올 수 있었던 것은 "한국적인 것이 가장 세계적인 것이다"라는 대명제 아래, 우리 음료의 세계화를 이루겠다는 굳건한 소명 의식 덕분이었다.

시장에 일으킨 새로운 바람

운명을 바꾸는 일

웅진인삼의 매출 부진과 적자를 극복하기 위해 리더로서의 단호한 결단이 필요했다. 어느 조직의 리더나 마찬가지겠지만 한 기업의 CEO는 끊임없이 결단의 순간을 맞이한다. 신사업이나 신제품을 추진할 때는 물론이고 조직 내에서 일어나는 크고 작은 일을 두고 단호한 결정이 필요할 때가 많다. 그럴 때마다 나는 마치 작두를 타는 듯한 기분이 든다. 날이 시퍼런 작두 위에 올라타 발을 베일 것인가, 아니면 작두 위에서 춤을 출 것인가.

우리의 인생은 매번 결단의 순간을 맞는다. 보통 사람들은 그 순간 유불리를 재거나 따진다. 자신에게 불리하면 피하고 유리하다 생각이 들면 취한다. 나는 설령 원하지 않는 운명이 내게 닥치더라도 피하지 않았다. 사전에 유불리를 재거나 따지다 보면 뜻밖의 좋은 기회를 놓칠 수도 있다. 유불리를 따지기 이전에 의미와 가치를 먼저 파악하고 내게 주어진 역할에 손을 내민다. 그 역할에 충실하다 보면 세상은 내게 더 큰 역할을 준다는 것을 알고 있다.

주어진 삶의 역할에 최선을 다한다면 때때로 삶이 전해 주는 행운을 놓치지 않고 붙잡을 수 있다고 믿는다. 미국 심리학자 윌리엄 제임스는 "생각을 바꾸면 행동이 바뀌고, 행동이 바뀌면 습관이 바뀌고, 습관이 바뀌면 성격이 바뀌고, 성격이 바뀌면 운명이 바뀐다"고 말했다. 이 세상에 존재하는 그 어떤 것도 본인이 생각하지 않으면 존재할 수 없듯이, 운명을 바꾸는 일도 결국 마음먹기 달렸다는 것이다. 그래서 나는 오늘도 내게 주어진 운명 안에서 소비자의 마음을 얻기 위해 신명나게 춤을 춘다. 시퍼런 작두날 위에서.

이유 있는 도전

최근 중국 국민 음료라 불리는 '왕라오지(王老吉)'라는 제품이 약 2조 원 이상의 매출을 올리며 급성장을 이어가고 있다. 국화, 꿀풀, 감초 등 각종 한약재를 사용하여 열을 내리는 효과를 지닌 이 음료는 량차(凉茶)로 불리우며, 연한 대추차나 수정과와 비슷한 맛을 낸다.

왕라오지는 대략 200년 전부터 오프라인 매장 등에서 중국 전통차로 소비되었지만 실질적으로 RTD(Ready to Drink: 음료를 바로 구매해서 사 먹을 수 있도록 상품화한 것) 음료 시장에서 본격적인 존재감을 나타낸 지는 20여 년밖에 되지 않았다. 2002년에 출시되어 2008년부터 중국 내 코카콜라를 앞지르고 1위 음료 행진을 이어 가는 중이다. 생활 저변에서 소비되던 전통차가 자국 음료 시장에 후발로 진출하여 세계적인 브랜드 제품을 제친다는 것은 어떻게 보면 당연해 보이지만 결코 쉬운 일은 아니다.

중국의 경제 산업화가 본격적으로 이루어진 시기는 제2차 세계 대전 이후다. 서구 문물과 신기술이 유입되고 빠르게 자본주의 시장 경제가 접목된 것도 그 이후에 진행된 일이다. 우리나라와 마찬가지로 중국도 당시 콜라와 커피 등 서구 음료 브랜드가 무작위로 유입되었다. 그런데 50여 년이 흐른 지금은 자국 음료의 붐을 타고 왕라오지라는 브랜드 제품이 중국인들의 큰 사랑을 받고 있는 것이다. 물론 사스가 유행했을 때 열을 내리는 차로 인기몰이를 한 덕도 있었다.

우리 음료의 세계화를 주창하며 30여 년 가까이 우리 음료 시장의 개척자를 자청하던 나로서 아쉽고 부러운 마음이 드는 것도 사실이다. 그도 그럴 것이, 왕라오지가 연 매출 약 300억 원을 기록하며 중국 내에서 인기를 얻던 2002년에 대한민국 음료 시장에서는 아침햇살과 초록매실이 각 연간 1,000억 원의 매출을 올리는 중이었다. 자국 음료의 활성화 시점이나 규모 면에서 보면 우리가 더 빠르게 앞질렀던 셈이다. 중국 시장은 인구수가 대한민국의 30배 수준이니 아침햇살 급으로 히트하는 제품을 만든다면 3조 원도 가능한 시장인데 왕라오지가 이를 이루어 냈다. 실질적으로 우리가 먼저 국민 음료 급의 제품을 만들었지만 계속 키워 가지 못하는 현실이 안타깝다.

메이지 유신으로 일찍이 서구 문물을 받아들인 일본도 마찬가지다. 일본의 음료 시장도 100여 년간 오렌지 주스, 커피, 콜라 등 서양 음료가 주를 이뤘다. 하지만 30여 년 전에 이토엔이라는 회사가 녹차, 우롱차 등의 차 음료를 RTD 시장에 내놓은 후 급성장을 이어 갔다. 현재는 일본 내 RTD 차 음료 시장의 규모가 약 10조 원에 이른다. 이토엔은 이후로도 고집스럽게 차 음료 성장을 주도하면서 명실공히 일본을 대표하는 음료 회사가 되었다.

최근 대만은 물론 아시아 각국에서도 자국 음료 붐이 서서히 일어나는 형국이다. '가장 고유한 것이 가장 세계적인 것'이라는 대명제가 음료 시장에서 현실화되는 중이다. 한국은 나름

일찍 시작했으나 앞으로 더욱 분발해야 한다. 기업의 노력뿐만 아니라 기업·정부·학교·농촌이 함께 풀어 가야 할 과제이기도 하다.

2장

운을 찾을 것

킹핀을 찾아라

다시 원점으로

나는 '카더라'라는 표현을 제일 싫어한다. 근거 없는 소문에 관심을 기울이는 것이 시간 낭비인 것은 물론이고, 주변을 떠도는 말은 시간이 지나면 정작 자신에게 아무 의미 없이 스쳐 지나가기 마련이다. 아무리 많은 책을 읽고 영화를 보더라도 그 안에서 자신의 것을 만들어 내지 못한다면 무슨 소용이 있을까? 훌륭한 명언과 지침을 접한다 한들 그것을 내재화하지 못하면 사실상 아무것도 변화하지 않는다. 그래서 나는 사람을 만날 때는 물론, 책을 읽거나 영화를 한 편 보더라도 꼭 '원 포인트'를 찾으려고 노력한다. 직관적으로 마음에 꽂히는 말이나 글이 있다면 꼭 기억했다가 나름대로 소화해 내 것으로 만든다. 이를 소위 내재화·자기화한다는 의미의 '인터널리제이션

(Internalization)'이라고 한다.

문제 해결의 실마리를 일컫는 '킹핀(Kingpin)'도 평생 써먹고 있는 나만의 비결이라 할 수 있다. 보르네오 같은 밀림에서 아름드리 원목을 베어 부두까지 운반하기 위한 물류비가 많이 들어간다. 그래서 원목을 강물 상류에 빠뜨린 뒤 하류로 흘러 내려 가도록 해서 가공 후 배에 선적하는 방법을 쓴다고 한다. 그런데 너무 많은 원목이 한꺼번에 내려오면 가끔 강물이 막히는 일이 생긴다. 이때 얽힌 원목을 푸는 방법을 '킹핀 찾기'라고 한다. 얽힌 상태를 만든 첫 번째 원목을 찾아 풀어 주면 나머지도 술술 풀린다는 원리다.

본래 킹핀의 사전적 의미는 볼링의 5번 핀이자 문제 해결의 실마리를 말한다. 개인이나 조직에서 한두 가지의 문제는 상황에 따라 그때그때 해결하면 되지만 복합적인 문제가 총체적으로 나타나 무엇부터 손댈지 판단하기 어려울 때가 있다. 이때 모든 문제 해결의 실마리를 찾는 방법이 바로 '킹핀'이다. 볼링의 5번 핀을 쓰러트려야만 10개의 핀이 모두 넘어가듯 킹핀을 찾아 해결하게 되면 나머지 모든 문제가 저절로 해결된다. 총체적 난관에 봉착하여 무너지는 기업을 살리기 위한 업무를 맡았을 때도 절묘하게 해결 실마리를 찾아 힘을 집중할 수 있었다.

나는 은행 10년 경력을 인정받지 못하고 웅진그룹 기획 조정실에 주임 1년 차로 입사했다. 대졸 2년 차 정도의 대우였지만 급여나 직급 때문에 옮긴 것은 아니었기 때문에 자연스럽게 받아들였다. 하지만 운 좋게 1년 만에 대리로 특별 승진을 했고, 이후 대표이사를 맡을 때까지 특별 승진을 한 번도 놓친 적이 없었다. 한창 성장하는 회사였기 때문에 일복이 터진 것이다. 이는 무언가 내 힘으로 적극 주도해 볼 수 있는 운 좋은 기회였다.

당시 시장 조사 결과 우리나라에는 '우리 음료'라는 개념 자체가 없었다. 글로벌 음료 브랜드 라이센스 계약으로 대부분 외국 음료가 대다수였던 우리나라 음료 시장 자체가 내게 분노에 가까운 감정을 불러일으켰고, 이는 곧 성장 기회를 잡는 원동력으로 작용했다. 우리 음료를 만들기만 하면 되는 대박 찬스가 열려 있다고 생각했다. 물론 그런 시장을 읽고 도전하는 것은 엄청난 용기가 필요하지만 그 시장 상황 자체는 틈새 공략을 노려 볼 만한 좋은 기회였다. 내가 신제품이나 기존 제품을 리뉴얼하여 히트시킨 제품이 8개 이상 되는 이유이기도 하다.

그렇게 실제로 웅진식품에서 내가 출시한 첫 가을대추는 큰 성공을 거두었고, 회장님께 호언장담했던 약속도 지킬 수 있었다. 하지만 승승장구의 행운은 계속 이어지지 않았다. 가을대추가 성공하자 웅진그룹은 식품 부문을 더욱 키우기 위해 대기업 출신의 새로운 대표이사를 영입했다. 무엇 하나 내 손을

2장 | 운을 찾을 것

거치지 않은 게 없는 가을대추였지만 그 성공의 달콤함을 온전히 누리는 건 내 몫이 아니었다. 마케팅 팀은 영업 본부 산하로 들어가게 되었고, 가을대추를 내 손에서 떠나보낸 뒤 다시 그룹으로 복귀했다.

실패는 힘의 원동력

이후 3년간 웅진식품의 상황은 그리 좋지 않았다. 나는 당시 그룹 감사실에서 근무하고 있어 웅진식품의 경영 상황은 익히 알았다. 매출은 가을대추를 출시한 후 약 400억 원 가까이 올랐지만 무리한 투자와 수익성 악화가 3년간 이어졌다. 매출은 400억 원인데 누적 적자가 450억 원까지 늘어났고 더 심각한 것은 매년 150억 원 이상의 추가 적자가 발생한다는 점이었다.

최악의 상황 속에서 회장실에서는 내게 다시 웅진식품으로 영업부장 발령을 냈다. 지금의 상황을 극복하려면 새로운 제품 개발이 필요하다고 강변했지만 더 이상의 투자는 어려우니 있는 제품으로 어떻게 살려 보라는 명령이었다. 너무 늦었다고 생각했으나 나 말고 누구도 나서지 않는 상황이었다. 그래, 그렇다면 내가 해야겠다고 다시 한 번 결심했다.

달마다 발생하는 영업 적자라도 줄여 보라는 지시를 받고 영업부장 자리를 맡게 되었지만, 영업만으로 부도 직전까지 간

회사를 살릴 수 없었다. 이 회사를 살리기 위해 무엇이 필요한지 다시 심각한 고민에 빠졌다. 그룹 감사실에서 근무하며 이미 웅진식품에 대한 진단을 했기 때문에 제품 수익성이 나빠져 영업으로 살릴 수 있는 방법은 없다고 결론을 내린 상태였다. 매각도 대안이 될 수 없을 정도였다. 수익 구조는 최악에, 은행 차입만 600억 원이 넘는 기업을 누가 인수하겠는가.

신제품 투자 실패로 가을대추마저 광고가 끊겨 시장에서 인지도와 경쟁력이 약해지고 더는 팔 만한 제품이 없었다. 창고에는 유통 기간이 임박한 제품으로 가득 차 부실 채권은 대리점 사장을 옭매는 상황이었다. 매달 10억 원 이상의 부족한 자금 조달은 만무하고 IMF 상황으로 은행에서는 오히려 상환 요구만 하고 있었다. 광고는커녕 판촉물조차 만들기 어려웠다. 더군다나 직원들 급여는 모회사에 비해 50%밖에 되지 않는 상태였는데 그마저도 3개월째 임금이 체불되는 중이었다. 일부 영업 직원들은 급여가 나오지 않자 수금액을 횡령하여 자기네끼리 고스톱이나 치고 있다는 소리까지 나오는 형편이었다. 어디에서부터 손을 대야 할지 모를 정도였다. 가을대추 출시 당시보다 더 절박해진 상황, 한마디로 총체적 난관이 닥쳤다. 그렇게 고민하던 차에 한 문장이 내 머리를 스쳤다.

"킹핀을 찾아라."

웅진식품의 총체적 난국을 푸는 킹핀은 무엇일까? 한동안 나는 깊은 고민에 빠졌다. 부족한 돈을 빌려서 채운다 한들 밑 빠진 독에 물 붓기가 될 것이고, 횡령한 직원을 찾아 징계한다고 해서 해결될 일도 아니었다. 일단 눈앞에 닥친 문제를 하나씩 열거하며 해결 시의 기대 효과를 추론해 보았다. 상황이 조금 나아질 만한 방법은 있을지 몰라도 근본적인 문제는 따로 있었다. 바로 수익성 좋고 회전이 잘 되는 제품의 부재였다.

결국 제품 개발만이 살길이라는 결론을 내리고 제품 개발팀으로 발령을 요청했다. 하지만 대표이사는 모르쇠로 고개를 돌리며 그룹에서 더 이상의 투자는 어려우니 있는 제품으로 어떻게든 해 보라는 똑같은 답변뿐이었다. 포기하지 않고 몇 차례 더 회장단을 설득한 끝에 마케팅 기획 팀장으로 발령을 받게 되었다. 신제품을 개발하되 MOQ(최소 발주 수량)만 초도 생산하고, 광고는 물론 시장 조사비, 출시 발표회 등의 비용은 일체 사용하지 말라는 조건부 승인이었다. 소명감이 없었다면 일개 부장이 겁 없이 저지를 수 있는 일은 아니었다. 하지만 일단 제품 개발이라는 킹핀이 결정되었으니 남은 단계는 단 하나였다. 총력을 다해 실행하는 것이다.

아침햇살,
첫 번째 메가 브랜드의 탄생

세상에 없던 새로운 음료

음료 신제품 기획자라면 누구나 같은 소망을 가지고 있지 않을까 싶다. '남녀노소 불문하고 오랫동안 사랑받는 음료를 만들고 싶다'는 소망이다. 나도 신제품을 기획하면 항상 전 국민에게 사랑받는 음료를 만들고 싶다는 바람을 가지고 있었다.

우리나라에서 누구나 가리지 않고 먹는 음식이라고 한다면 바로 '밥'부터 떠오른다. 하루 세 끼 평생을 먹어도 물리지 않는 음식이 바로 밥이 아니던가. 그렇다면 밥 같은 음료를 만들 수는 없을까? 그런 음료가 탄생한다면 그야말로 대박이 날 듯 싶었다. 밥을 음료화하면 그 주재료는 쌀이다. 쌀로 음료를 만들면 되겠다고 생각했다.

한국인이 즐겨 먹는 음식으로 음료를 만든다면 무엇이 연상

되는가? 쌀로 만드는 음료를 떠올렸을 때 바로 연상되는 것은 식혜였지만, 식혜는 엄밀히 말하면 쌀로 만든 음료라기보다 밥을 엿기름에 당화해 만든 제품이다. 그보다 순수한 쌀 자체를 가지고 음료를 만들어 보고 싶다는 생각이 들었다. 쌀을 주식으로 하는 나라에서 모두 쉽게 접하고 좋아할 듯했다.

그러고 보면 쌀을 주식으로 하는 동양은 밥을 지어 먹지만 서양은 밀이나 보리로 빵을 만들어 먹는다. 그런데 주식 급 곡물을 이용해 동서양에서 공통적으로 만들어 먹었던 음료가 있다. 바로 술이다. 동양에서는 쌀로 막걸리를 만들고 이를 증류시켜 소주나 정종을 만들고, 서양에서는 보리와 밀로 맥주를 만든다. 맥주를 증류시키면 위스키도 만들 수 있다. 또 중국의 대중적인 고량주, '바이주'의 핵심 원료인 '고량'은 중국에서 많이 재배되는 수수로 만들어진다.

결국 전 세계적으로 각기 주식이 되는 곡물을 재배하여 주식으로 먹었을 뿐만 아니라 공통적으로 술을 빚어 마셨다는 사실을 알 수 있었다. 술이 알코올음료라면, 당연히 비알코올음료도 충분히 있을 수 있겠다는 답이 나왔다. 이미 식재료의 음료화는 오래전부터 이어져 온 문화였음을 깨달았다.

회사 상황은 여전히 총체적 난국에 빠진 상태였지만 쌀을 이용해 음료를 만들어야겠다고 다짐하고 나니 가슴이 벅차올랐다. 그동안 세계 음료 시장에서는 230여 년 동안 다양한 음

료 카테고리를 만들어 냈다. 콜라, 사이다 등의 탄산음료와 오
렌지 등 주스 음료, 커피 음료, 스포츠 음료가 자리를 차지하
고 있었다. 여기에 마침내 곡물 음료라는 새로운 카테고리를
추가한 것이다.

국내 최초 1억 병, 1,000억 원 매출

쌀로 만든 음료는 준비하면 할수록 그 가능성과 가치가 더
욱 크게 느껴졌다. 다만 한 가지 문제는 직원들과 대리점 사장
들의 판매 의지를 높이는 일이었다. 당시 대부분의 대리점 사
장이 경영난을 이기지 못하고 다른 회사 제품 중심으로 판매
하거나 다른 회사로 떠나는 사람이 많은 실정이었다. 제품 기
획안을 들고 마케팅 실장 이름으로 대리점장 회의를 소집했다.
쌀 음료가 곧 출시될 것이니 기대해도 좋다고 선전포고를 하
자, 어느 정도 마음이 동했는지 다들 맛을 보자고 했다. 제품
은 아직 나오지 않았으니 조만간 보여 주겠다고 하자 다들 실
망한 눈치였으나 일단 신제품을 향한 한 가닥 희망을 전하는
것에 방점을 두었다. 그리고 마침내 한 달 뒤 천안 모 호텔에
서 맛과 디자인을 보여 주고 본격적인 출시 예고를 했다.

제품은 만족스럽게 나왔으나 네이밍 단계에서 다시 난관에
빠졌다. 쌀을 넣어 이름을 지으려고 하니 앞뒤에 아무리 좋은

단어를 붙여도 쌀 가게 느낌이 났다. 킹핀을 찾았다고 해도 더 중요한 건 이를 실행하는 몰입력이다. 쉽게 말해 한 가지 사안을 붙들고 흠뻑 빠져서 심취하는 무아지경의 집중 상태에 들어가야 한다는 것이다. 정신을 한 곳으로 집중하면 못 할 일이 없다는 뜻의 '정신일도 하사불성(精神一到 何事不成)'이라는 말이 있듯 몰입은 그 어떤 난관과 어려움을 이겨 낼 수 있는 비책 중의 비책이다.

만족스러운 네이밍을 하기 위해 대략 3개월 동안 이러한 몰입 상태에 빠져 지냈다. 내·외부 공모도 하고 수천 개의 이름을 만들어 보기도 했지만 전부 마음에 들지 않았다. 그러던 어느 날 문득 경상도 사투리가 떠올랐다. 경상도 사람들은 '쌀' 발음이 잘 되지 않아 대부분 '살'이라고 말한다. '쌀'로 이름을 짓기 어려우니 '살'로 풀어 봐야겠다는 생각이 바로 들었다. 쌀 중에서 최고로 치는 햅쌀을 경상도 식으로 발음하니 '햇살'이 되었다.

한국을 대표하는 제품이 될 것이니 한국적인 정서가 들어가는 단어도 추가하고 싶었다. 고심 끝에 찾아낸 것이 해 뜨는 아침의 나라를 연상시키는 '아침'이었다. 때는 1999년, 새천년을 앞둔 기대와 희망에 부푼 뉴밀레니엄 시대가 아니던가. 그렇게 밝고 희망차게 떠오르는 '아침햇살'이라는 이름이 탄생하게 되었다. 더구나 IMF 구제 금융으로 지치고 힘든 국민들에게 새로운 희망이 필요한 시점에 딱 떨어지는 이름이었다.

제품의 성공 여부는 마케팅 믹스 4P 분석으로 알 수 있다고 한다. 여기서 4P는 제품(Product), 가격(Price), 유통(Place), 광고 판촉(Promtion)을 말한다. 4P 중 하나만 균형이 맞지 않아도 성공하기 어렵다는 것이 이미 널리 알려진 마케팅 이론이자 정설이다. 하지만 나는 여기에 하나의 P를 더 추가해야 한다고 보는데, 바로 '패키지 디자인(Package Design)'의 P다. 엄밀히 말하면 제품의 P에서 패키지 디자인은 분리 독립시켜야 한다. 패키지 디자인이 그만큼 중요하다는 것이다.

아침햇살은 우리의 오랜 주식인 곡물로 만든 음료인 만큼 10년을 넘어 100년이 지나도록 사라지지 않는 음료가 될 것이라는 자신이 있었다. 하지만 몇 년 지나지 않아 디자인에 싫증이 날 수 있다는 게 걱정이었다. 물론 회사가 당장 어려워 쓰러질 판인데 10년 후를 고민한다는 게 너무 과민한 듯했지만, 나로서는 확신이 있었다. 중요한 건 10년, 100년 넘게 이어질 수 있는 디자인을 하는 일이었다.

새로운 디자인 접근법을 고민하다가 순수 예술가의 작품을 사용해 보기로 했다. 순수 예술 작품은 시간이 지날수록 더욱 가치가 높아진다고 판단했다. 하지만 기성 작품은 안 되고 반드시 새로운 창작물이어야 했다. 쌀 음료에 영감을 받아 만들어진 작품이어야만 소비자들의 공감을 불러일으킬 수 있다고 믿었다. 그리고 운 좋게 기(氣)-아트를 테마로 작품 활동을 한다는 현대 서예가 황석봉 선생님을 소개받아 패키지 디자인을 완성할 수 있었다. 하얀 종이에 검은색 먹으로 그려진 황 선생님의 디자인은 우리의 쌀 음료와 절묘하게 어울렸다.

그렇게 제품을 기획한 지 3개월이 지난 뒤에 최초의 쌀 음료 '아침햇살'이 세상에 나오게 되었다. 런칭 초기부터 들썩이는 반응이었다. 시음 행사 때는 웬 막걸리를 가지고 왔느냐는 반응과 쌀로 무슨 음료를 만드느냐는 등 생소한 반응이 많았다. 그럼에도 불구하고 한 번 맛을 본 사람들은 기대 이상이라는 좋은 평가를 해 주었다. 아침햇살은 날개 돋힌 듯 판매되기 시작했다.

출시 10개월 만에 국내 최초 1억 병을 돌파하며 400억 원 매출을 기록했다. 둘째 해에는 약 1,000억 원 매출을 올린 메가 브랜드가 되었다. 쌀 같은 곡물 소재가 음료로 나올 수 있다는 사실이 업계와 소비자에게 신선한 충격으로 다가간 것이다. 이름 탓인지 아침 공복에 우유 대신 마시는 간편 식사 대용 음료로도 엄청난 사랑을 받은 제품이다. 이 제품은 지금까지도 국내 베스트셀러이자 스테디 제품으로 인정받는 중이다.

현재 국내는 매출액이 줄었지만 쌀을 주식으로 식사를 챙기는 해외에서는 여전히 인기가 높다. 쌀 주산국인 베트남에서는 아침햇살이 코카콜라보다 인기 있는 건강 음료로 사랑받고 있다. 앞으로 쌀 음료의 활성화를 위해 업그레이드 제품의 출시나 대대적인 리뉴얼도 필요할 것이라고 본다. 무엇보다 당시 내가 찾은 킹핀이 멋지게 스트라이크로 이어졌다는 사실은 엄청난 희열이었고, 더불어 우리 음료를 알린다는 소명에 한 걸음 다가간 큰 보람이기도 했다. 당시 적자에 허덕이던 상황은 결코 희망적이라고 볼 수 없었지만, 그렇다고 해서 그대로 가만히 침몰했다면 결코 아침햇살이라는 메가 브랜드의 행운을 만들어 내지 못했을 것이다.

킹핀을 찾았다면
실천은 몰입

첫 몰입의 경험

식품업계 CEO로서 신제품을 기획하고 개발하는 작업은 가장 큰 희열을 느끼는 일이다. 물론 이미 포화 시장이라고 보는 음료 시장에서 소비자의 사랑을 받을 수 있는 새로운 제품을 출시하는 일은 결코 쉽지 않다. 그럼에도 끊임없이 변화하는 소비자의 잠재 욕구를 찾는 일은 보람과 희열을 느끼기에 충분한 의미와 가치가 있다.

아침햇살을 개발했을 때 느꼈던 극심한 창작 스트레스를 이겨 내고 결국 목적하는 바를 이룬 과정에서 중요하게 생각했던 자세가 있다. 바로 '몰입의 자세'이다. 원하는 바를 화두 삼아 꽉 붙들고 일념삼매(一念三昧)에 빠지면 이루지 못할 일이 없다는 선지식인의 지혜에서 깨달았다.

첫 몰입의 경험을 했던 것은 소싯적에 장구를 배웠을 때였다. 대학 시절 용인 민속촌을 방문한 적이 있는데 당시 야외 원형 극장에서 풍물패의 판굿 공연이 벌어지고 있었다. 환갑 즈음의 어르신들이 장구와 북 등을 연주하는 동시에 몸을 돌리며 큰 원을 그리는 동작을 했다. 나중에 안 사실이지만 판굿에서도 가장 어렵다는 '자반 뒤집기' 동작이었다. 흥미롭게 구경하는 도중에 전율을 느낀 순간이 있었다. 무리 중에서 장구 연주자분과 눈이 마주쳤는데, 힘든 기색 없이 오히려 행복하고 신명 난 눈빛이었다. 그 눈빛이 강렬하게 머릿속에 각인되면서 장구에 무언가 특별한 매력이 있는지 궁금해졌다. 여행에서 돌아오자마자 장구를 배우기로 결심하고 장구 강습회를 찾았다. 열흘간 강습을 받았는데 처음에는 당연히 힘들었다. 처음 잡아본 장구채 궁편이 왼쪽 손가락에 헐겁게 놀면서 피까지 났다. 손이 아팠지만 지금 멈추면 장구를 배울 수 없다는 심정으로 꾹 참고 강습을 마쳤다.

그 후 아예 본격적으로 은행 동료들과 함께 '어름새'라는 풍물패를 만들었다. 외부 강사를 초빙하여 강습도 꾸준히 받았다. 민속촌에서 본 장구 연주자의 눈빛을 닮고 싶다는 일념으로 열심히 배웠지만 실력자의 벽은 높았다. 가장 빠른 장단인 휘모리를 연주하고 싶은 욕심에 노력을 거듭했지만 아무리 연습해도 도저히 따라갈 수 없었다. 소질이 없다는 생각으로 포기하고 싶은 마음을 애써 누르며 연습을 이어 가는데, 어느 순간 놀라운 일이 벌어졌다. 어느 찰나의 순간에 내 손끝에서 휘모리 장단이 멋지게 연주되고 있었던 것이다. 온 세상이 하얗게 변한 가운데 내 몸은 장구와 함께 공명했다. 숨소리조차 잦아들고 먼 데서 잔가락 소리만이 아련하게 울리는 진공 상태가 되었다. 이것이 바로 무아지경의 느낌인가? 원하는 결과는 각고의 노력 끝에 예고 없이 찾아올 수 있다는 사실을 깨달았다. 그것이 바로 내 삶에서 처음 경험했던 치열한 몰입의 결과였다.

몰입의 힘은 시간과 공간을 뛰어넘어 무의식마저 선명하게 만드는 힘을 가진다. 도저히 할 수 없을 듯하다고 생각했던 일도 몰입에 접어들면 어느새 몸과 정신이 그 일에 동화되어 상상 이상의 결과를 만들어 낸다. 장구에서 처음 느낀 몰입의 경험은 이후 내가 어떤 어려움에 닥칠 때마다 결국에는 해낼 수 있다는 믿음의 근거가 되어 주었다. 물론 몰입의 대상을 무엇으로 할 것인지는 개개인의 경험과 목표, 소양에 기인한다.

간절하고 절실하게

나는 신제품을 개발할 때나 문제 해결의 실마리인 킹핀을 찾을 때 몰입의 법칙을 따른다. 특히 신제품 개발에 들어가면 최소 3개월간은 이 법칙의 회로를 끄지 않는다. 꿈에서까지 제품 개발에 몰두하는 것이 이제는 다반사가 되었다.

내가 몰입의 매력과 효과를 경험하고 신뢰하게 된 또 다른 사례가 있다. 50대 초반에 창업한 '얼쑤'의 경영이 마음먹은 대로 흘러가지 않아 고심했을 때였다. 고민이 많던 시기라 어려움이 닥칠 때 나를 다스릴 수 있는 수행법도 찾아보고, 무언가에 이끌리듯 명상 수련원을 찾아가 보기도 했다. 심지어 부산 범어사의 주지 스님이 주관하는 간화선 체험(불교에서 스님이 되는 필수 과정)도 해 보았다. 5박 6일간 동국대학교 국제 선원에서 진행했는데, 스님이 주시는 화두에 집중하는 묵언 수행 프로그램이었다.

그렇게 다양한 시도를 했지만 나에게 딱 맞는 수행법을 찾지 못하던 중 하루는 아내에게 절하는 법을 가르쳐 달라고 했다. 아내가 아이들의 수험 기간에 절에 가서 100일 기도를 했던 적이 몇 차례 있기 때문이다. 꼭 종교적 의식이라기보다 심신 수행 삼아 시도해 볼 심산이었다.

첫 번째 108배는 약 25분에 걸쳐 무리 없이 잘 끝냈지만 아무래도 쓰지 않는 근육을 써서 그런지 온몸이 쑤셨다. 운동으로 생긴 근육통은 운동으로 푼다는 마음으로 이튿날에도 다시 시도했다. 놀랍게도 둘째 날 절을 마치니 첫날 있던 근육통이 거짓말처럼 사라졌다. 기분 탓인지 절을 마치고 방석에 앉아 책을 읽는 동안에도 마음이 차분하게 가라앉고 편안해지는 것을 느꼈다. 재미가 붙어 그 후 100일간 108배를 실시하였고 가속이 붙어 급기야 1,000일까지 가 보자는 마음도 생겼다. 1,000일이면 3년 정도의 짧지 않은 기간이지만 결국 해냈다. 돌이켜 생각해 봐도 어떤 마음으로 마칠 수 있었는지 모를 정도로 절 운동에 빠진 기간이었다.

운동으로 시작한 절 운동은 이미 내 생활의 일부가 되었다. 육체 운동뿐 아니라 정신 운동에도 큰 도움이 되어 하루 일과 중 생긴 문제나 불만도 절을 끝내고 나면 거짓말처럼 사라지곤 했다. 절을 하기 전에 가졌던 문제가 주먹만 했다면 절을 마치고 나서는 좁쌀만큼 작아진 것이다. 문제가 작아지니 이미 문제가 아니었다. 절이라는 고요한 공간에서 절 운동에 집중하다 보니 크게 생각하던 문제가 점차 사소해진 것이 아니었을까. 원효대사의 '일체유심조(一切唯心造)'라는 말이 있듯이 '모든 것은 마음먹기'라는 법문이 실감 났다.

여기에 이르니 서서히 욕심인지 발심인지 모르겠으나 고수들도 어려워한다는 3,000배에 도전하고 싶은 마음이 생겼다. 일정에 맞는 절을 찾아 성북동 길상사를 찾았다. 갈아입을 옷과 수건, 가벼운 간식 등을 챙기고 설레는 마음으로 일찍 절에 찾아갔다. 혹시 단체로 절을 하는데 못 따라갈까 염려되어 1,000배 정도를 먼저 할 요량이었다. 혼자 절을 마치고 50여 명이 리더의 죽비 소리에 맞춰 3,000배에 들어갔다. 오후 5시 경에 시작하여 새벽 3시쯤 되어서야 3,000배 회향까지 마칠 수 있었다. 온몸이 땀으로 범벅이 되고 기진맥진하였으나 머리와 가슴은 이상할 정도로 서늘한 기운이 감돌고 몸은 오히려 가벼웠다. 돌아오는 길에 전혀 흔들림 없이 운전을 하고 가벼운 마음으로 귀가할 수 있었던 것도 참으로 진기했다.

3,000배는 신체를 기반으로 볼 때 훌륭한 전신 요가라고 할 수 있지만 무엇보다 3,000배의 효력은 몰입이다. 어느 정도 절을 하는 동안에는 온갖 잡생각이 머리를 떠나지 않는다. 2,000배를 넘기고 나면 온몸이 아프기 시작하고 내가 왜 이런 일을 시작했나 하는 자책도 든다. 하지만 2,500배를 넘기면 잡념은 없어지고 오로지 3,000배를 향해 한 배 한 배 집중하게 된다. 잡념이 비집고 들어 올 새가 없다. 잡념이 사라지고 선명한 무의식이 자리 잡아 소위 무아의 경지에 빠지며, 그때는 어떤 욕망과 쾌락도 따라올 수 없는 희열과 자부심으로 넘치게 된다. 이것이 3,000배의 불가사의한 마력이자 매력이다.
최근에 나는 다시 한 번 3,000배를 해 볼 요량으로 만반의 준비를 마치고 길상사를 향한 적이 있다. 한 배 한 배 절을 하는데 이날은 1,000배조차 넘기지 못했다. 108배를 1,000일간 하였고, 3,000배도 5번이나 해냈는데 이번엔 또 달랐다. 이날 또 새로운 사실을 알게 되었는데, 간절한 마음이 없다면 해내기가 쉽지 않다는 것이다. 세상사 모든 일이 마찬가지 아니겠는가. 남들이 한다고 해서 해 본다거나 운동 삼아 해 보는 정도의 결심으로는 결코 완주할 수 없다.

웅진식품 대표이사 취임 후 얼마 뒤 MBC 다큐멘터리 〈성공시대〉에서 나를 주인공으로 담고 싶다고 찾아온 적이 있다. 촬영을 하면서 많은 대화를 나누었고, 그 대화를 바탕으로 '생각하는 불도저, 조운호'라는 헤드 타이틀이 정해졌다. 마음에 쏙 드는 타이틀이었다. '불도저'라는 별명은 강력한 추진력과 실행력을 상징하는 표현으로 불리곤 했으니 말이다. 나 역시 누구 못지않은 추진력을 가지고 있다고 생각한다. 무언가 실행하기 전에는 용의주도한 사전 검증을 거치지만 일단 결심이 서고 나면 아무도 말릴 수 없을 만큼 밀어붙인다. 그 실행 단계에서 언제나 해법이 되어 주는 것은 다름 아닌 킹핀 찾기와 몰입이다.

3,000배를 했을 때처럼 나에게 음료 사업은 절실한 몰입이 필요한 소명이었다. 기업을 경영하는 입장에서 몰입의 대상은 두말할 것 없이 소비자다. 수익을 창출하는 히트 상품을 만들

겠다는 목표보다 소비자의 삶을 윤택하게 하고 세상을 이롭게 한다는 소명감이 바탕이 된다면 그 결과는 훨씬 큰 보람과 가치로 돌아올 것이다. 진정으로 원하는 것이 있다면 간절하고 절실하게 구하라. 그리고 일념으로 최선을 다해야만 비로소 다다르게 될 것이다. 어쩌면 어느 순간 벼락을 맞은 듯 큰 깨달음을 얻을 수도 있다.

두 번째 킹핀을 찾아라

1년 안에 결정되는 승부

아침햇살의 성공적인 출시 이후로 한창 홍보에 집중하던 어느 날, 회장실에서 호출이 왔다. 회장님은 내게 웅진식품을 완전히 맡아서 해 보겠느냐고 의중을 물었다. 일개 부장에게 최고 경영자의 자리를 맡기겠다는 말이었다. 순간 머리가 복잡해졌지만 나는 내 자리에서 열심히 해 볼 테니 나이와 직급에 맞는 분을 대표이사에 앉히라고 말씀드렸다. 그러자 회장님은 일을 하려면 힘 있는 자리에서 제대로 해 봐야 하지 않겠느냐며, 한번 해 볼 테냐고 재차 물었다. 시켜 주신다면 제대로 하겠다는 게 내 답이었다. 두어 달 뒤에 임시 총회가 열리는 동시에 대표이사 취임식을 거행했다.

그렇게 만 36세의 나이에 웅진식품 대표이사를 맡게 되었다. 대표이사에 취임을 하고 보니 웅진식품 인수 후 11년이 지났고, 내가 10번째 대표이사였으니 거의 매년 대표이사가 교체되었다는 이야기다. 만 33세 때 차장으로 와서 음료 사업을 승인받아 시작을 주도했지만 대표이사는 자리가 다르다. 더구나 아침햇살의 매출이 지속적으로 오르기는 했지만 회사의 월 적자액을 다 메꿀 수 있을 정도는 아니었다. 이미 수백 억의 적자를 둔 회사에서의 대표이사 선임은 마냥 기뻐할 수만은 없는 엄청난 부담이기도 했다. 게다가 만 36세의 젊은 부장이 대표이사로 부임한다는 것은 나보다 나이가 많았던 차장 급 이상의 요원들에게 불편한 일이었다. 특히 내가 대표이사에 선임되는 것에 반대 의사를 표명했던 이들은 목덜미가 서늘해졌을 것이다. 그들 중 일부는 회장실을 찾아가 조운호가 대표이사가 되면 사표를 낸다고 말했다고 한다. 회장님은 "회사가 어려워지는 것은 부끄럽지 않고 나이 어린 상사를 모시는 것은 부끄러운가"라며 일축했다는 전언이다.

사실 나의 대표이사 발탁은 너무나 예외적인 상황이었던 만큼 나를 믿어 준 회장님에게 고마운 마음이 컸다. 나의 능력과 의지를 믿어 주는 사람이 있다는 것 자체가 엄청난 행운이었다. 그 행운을 내 것으로 만드는 건 내 책임에 달려 있었다. 웅진식품이 워낙 어려운 상황이라 부담감이 큰 것은 사실이었지만, 애초에 음료 사업을 시작한 게 나라면 그 마지막 운명도

같이 해야 한다는 결연함도 느꼈다.

　새로운 조직에서의 승부는 1년 안에 결정된다. 우선 웅진식
품 대표 취임식 때 나의 일성은 "한 명의 낙오도 없다"였다. 회
사는 풍전등화고 직원들 사기는 떨어질 대로 떨어진 상황이었
으니, 한 명의 낙오도 없다는 신임 대표의 말을 모두 반신반의
했을 것이다. 그러나 몇 달이 지나도 해고되는 사람은 없었고,
오히려 취임을 반대했던 이들을 중임했다. 6개월쯤 지나자 이
들은 믿음이 생겼는지 열심히 업무에 임하기 시작했다.

　내부 직원들의 동요도 막아야 했지만 내게는 가장 중요한
일이 남아 있었다. 취임 후 첫 정책에 관한 고민이었다. 모든
이가 나의 입만 쳐다보고 있는 것을 잘 알았기에 망설일 시간
이 없었고 취임에 기뻐할 여력도 없었다. 제품은 이미 나왔으
니 이제 판매할 영업 조직을 움직여야 했다. 두 번째 킹핀을
찾는 일이었다.
　영업 현장은 고객과 가장 가까이에 있기에 리더와 기획자는
항상 현장의 소리에 귀를 기울여야 한다. 우선 영업 지점장들
을 한 명씩 불러 대리점장들의 어려움을 물었다. 회사는 물론
이고 대리점들도 모두 적자에 허덕이는 입장이니 강력한 제품
이 필요하다는 건 분명했지만 문제는 따로 있었다. 대부분의
대리점장이 대리점 창고에 유통 기간이 다가오는 불량 재고가

계속해서 쌓인다는 점이 가장 큰 불만이라고 했다. 이렇다 할 히트 상품이 나오지 않은 채 계속 신제품을 개발하고 초도 물량을 출고해야 했으니 그게 고스란히 대리점의 부담이 됐던 것이다. 계약상 반품이 불가능하기 때문에 대리점장들은 재고를 쌓아 둔 채 냉가슴만 앓았던 실정이었다.

100개 정도 되는 대리점 창고의 악성 재고를 모두 반품받을 경우의 금액을 환산해 보니 대략 10억 원 정도였다. 당시 월 매출이 약 25억 원 수준이었으니 반품을 받게 되면 매출이 그만큼 줄어드는 것은 자명했다. 젊은 대표가 부임하여 매출이 오르기는커녕 절반 가까이 떨어진다면 회사의 분위기는 걷잡을 수 없이 얼어붙을 것이다. 그룹의 염려와 반대를 생각하지 않을 수 없었다. 고민 끝에 전국 대리점장 회의를 소집했다. 부임한 지 일주일쯤 지난 시점이었다. 대리점장들은 신임 대표가 어떤 정책을 제시할지 숨죽이며 내 입만 쳐다보았다. 나는 새로운 두 가지 정책을 선언했다.

첫 번째는 대리점 창고에 있는 모든 판매 불능 재고는 하나도 남김없이 반품을 받아 주겠다는 것이었다. 유통 기간이 다 되도록 팔리지 않는 제품의 책임은 회사에 있다는 이유였다. 못 파는 것이 아니라 안 팔리는 제품인 것이다. 대신 3달 전에 출시하여 시장 반응이 좋은 아침햇살을 반품량만큼 대신 받아 가도록 했다. 대리점장들은 믿을 수 없다는 듯 서로 얼굴을 쳐다보다가 짧은 감탄사를 내뱉었다. 나중에 듣기로 당시의 반품

수용 선언에 대리점장들은 10년 묵은 체증이 다 내려가는 기분이었다고 한다.

　이어서 판매 활성화를 위해 아무도 예상치 못했던 두 번째 정책을 발표했다. 우선 목표 매출 달성 시 인센티브를 지급하던 기존의 제도를 전면 폐지하고, 대신 '총액 할당제'라는 새로운 인센티브 제도를 적용하기로 했다. 기존에는 목표 달성을 하는 대리점에게 자기 매출액의 2%를 인센티브로 지급하고, 입금 목표 달성액의 2%를 추가 지급하는 상황이었다. 하지만 대리점 월평균 매출액이 약 1,000만 원밖에 되지 않는 상황에서 수당을 100% 받는다고 해도 약 40만 원밖에 되지 않아 운영 수익을 보충하기는 어려웠다. 총액 할당제는 해당 월 회사 전체 매출액에 일정율(3%)을 정해 놓고 목표 달성자에게 실적 지분 비례로 배분해 주는 방식이었다. 회사 입장에서는 같은 재원으로 실적을 내는 곳에 몰아주겠다는 의도였다. 대신 모든 실적을 공정하게 공개하고 목표 달성자에 대한 지분 계산과 총액 배분 계산 방식을 보여 주기로 했다. 그리고 목표를 종전보다 두 배 높게 제시했다. 회사도 대리점도 기존 매출로는 살아남기 어렵기 때문이다. 기존의 목표를 달성하는 대리점도 전체의 10%밖에 되지 않는 상황에서 두 배의 목표는 모두 받아들이기 어려운 수준이었다. 하지만 시행 후 보름이 지났을 때 결과적으로 마감 후에는 놀라운 일이 벌어졌다. 전체 대리점의 40%가 목표를 달성한 것이다.

마음을 움직이는 밀리언 셀러의 법칙

새로운 두 가지 정책 발표 이후 부임 첫 달의 전체 월 매출액이 대략 25억 원에서 50억 원으로 정확히 두 배가 늘었다. 종전의 방식은 수당을 받아도 대리점의 적자 해소에 도움이 되지 않았지만 총액 할당제는 달랐다. 목표 달성 수당을 받기 위해 자기 목표 매출액을 101% 정도 겨우 턱걸이로 넘기던 기존과 달리 목표 달성자 지분만큼 파이를 늘리기 위해 최대한 매출 실적을 높였다. 그 결과 자기 목표액의 120%, 150%를 넘어 200% 이상의 실적자까지 나오게 된 것이다.

다음 달 대리점 회의 때 실적을 공개하고 수상 대리점에게 현금을 바로 지급했다. 모두 수상자를 부러운 눈으로 바라볼 뿐만 아니라 정책을 향한 강한 신뢰와 함께 나도 할 수 있다는 확신에 찬 표정을 지었다. 첫 달 실적이었던 50억 원은 이후 70억, 90억, 180억 원까지 신기록을 이었다. 그렇게 총액 할당제를 시행한 지 8개월이 지나자 두 배의 매출 목표를 달성한 대리점이 90%를 넘기게 되었다. 대부분 대리점이 목표 달성을 하게 되자 총액의 3%를 지급하던 총액 할당제는 종전 자기 매출의 4%를 지급했을 때보다 수여율이 낮아지는 결과가 나왔다. 하지만 매출 증가에 따른 도매 이익률이 높아진 상태였기 때문에 아무도 불만을 갖지 않았다.

다만 추가 매출을 늘리기 위해 대리점들은 차량과 영업 사

2장 | 운을 찾을 것

원을 증원해야 했다. 수년간 적자를 보던 대리점장들은 이제 겨우 돈을 만져 보는 입장이었으니 추가 투자를 꺼릴 수밖에 없었다. 이에 나는 다시 한 번 묘수를 생각했다. 현금으로 지급하던 총액 할당제를 중지하고 영업용 차량으로 현물을 지급하기로 한 것이다. 목표액은 6개월 치를 합산하여 제시하고, 목표 총액의 3%에 해당하는 금액으로 차량을 선지급했다. 6개월 목표 미달성자는 차량을 회수하는 조건이었다. 목표 미달 대리점으로부터 회수한 차량은 목표 달성 순위에 따라 재배급까지 해 주기로 했다.

6개월간 사용한 대가는 묻지 않기로 하였기에 모두 차량을 지키려고 최선을 다하는 결과로 이어졌다. 남는 예산은 차량 도우미 채용 비용으로 나누어 주었다. 여기에 이어서 다음 신제품 초록매실까지 출시하고 나니 대리점장들은 말 그대로 신바람이 났다. 6개월이 지나자 대부분의 대리점이 목표를 달성하게 되었다.

돌이켜 생각해 보면 그것은 기적 같은 일이었다. 회사를 향한 신뢰를 쌓는 동시에 '하면 된다'는 분명한 동기 부여가 되었던 것이다. 어려운 회사에 젊은 대표가 와서 무리하게 밀어붙일 것이라 예상했던 대리점장들 입장에서는 걱정과 기대를 불식시키는 반전이었다. 대표이사 부임 첫 달부터 월 매출액 증가가 18개월간 이어졌고, 10배 이상의 월 매출 증가가 이루어졌다. 대표이사 취임 첫해를 아무 대안 없이 넘겼다면 개인도 회사도 계속 이어 간다는 보장을 할 수 없었을 것이다. 두 번째 킹핀이 정확하게 맞아 쓰러지는 결과였다.

어느 출판 평론가가 얘기해 준 출판 기본 원칙이 생각났다. 잘 읽히는 책은 첫 문장이 결정한다는 것이었다. 문장은 짧아야 하며 반전 매력이 있어야 한다고 했다. 베스트셀러에는 독자의 마음을 흔들 만한 강력한 공감이 필요하며, 이는 작가의 마음속 깊은 곳에서 우러나와 다른 사람의 마음에도 전달될 수 있어야 한다. 이러한 밀리언 셀러의 법칙은 책에만 해당되는 것이 아니다. 1,000만 관객의 영화, 밀리언 셀러 앨범, 또 연간 1,000억 원 매출의 음료에서도 마찬가지다. 사람의 마음을 움직이는 원칙은 어디에나 똑같이 적용된다는 것을 알았다.

주인 정신을 가진 프로

살맛 나는 세상을 위해

성공의 행운은 준비된 자에게 찾아온다. 다만 성공을 추구하는 목적이 단순한 금전적 이득에 치중된다면 더 깊이, 더 멀리 날아오르기 어렵다고 본다. 몇 번의 난관 속에서도 내가 계속해서 킹핀을 찾고 몰입하여 원하는 결과를 이룰 수 있었던 것은 내가 하는 일의 가치와 내 역할에 대한 주인의식을 잊지 않았기 때문이다.

아들이 중학생이던 시절 학교 수행 평가를 하다가 질문을 한 적이 있다. "아빠, 좋은 직업이 뭐야?" 무심코 '공부 열심히 해서 좋은 대학에 가고 좋은 직장에 들어가서 잘 사는 거지'라고 대답할 뻔했지만 정신을 붙잡고 며칠 생각해 본 뒤에 답해 주겠다고 했다.

직업의 사전적인 의미는 사회에서 생활하는 사람들이 재능과 능력에 따라 업에 종사하며, 정신적·육체적 에너지 소모에 따른 대가로서 경제적 급부를 받아 생활을 지속하는 행동 양식이다. 물론 사전적 정의만으로는 사물이나 현상을 충분히 설명하기 어려울 때가 많다. 며칠 고민 끝에 아들을 불러서 좋은 직업이 무엇인지 얘기해 주었다. 어디에서 무엇을 하든, 그 결과가 많은 사람을 이롭게 하는 일이라면 좋은 직업이라고 말이다.

모든 직업은 개인적인 사심의 충족이 아니라 다른 이들을 이롭게 하는 데서 그 의미와 존재 가치를 갖는다. 예술가를 비롯한 창작자들은 자신의 심미안뿐 아니라 많은 사람에게 예술의 가치를 전달하고자 한다. 학자나 공무원도 궁극적으로 사람들의 필요와 욕구를 채워 주기 위해 연구하고 일한다. 사람들의 삶에 이익을 가져다 주고 그 대가로 정신적 만족과 경제적 보상을 받는 것이다. 물론 정치인과 기업인도 마땅히 마케팅 맞춤형의 사고가 필요하다. 권력이나 부를 축적하고 대물림하는 것이 아니라 국민과 소비자의 필요와 잠재된 욕구를 찾고자 하는 것이 진정한 리더의 자세다. 소비자가 만족하는 제품과 서비스를 끊임없이 제공하는 데 기업의 존재 가치가 있고, 국민이 행복하고 평안한 삶을 살도록 하는 데 국가의 존재 이유가 있다. 나 중심의 생산자 마인드에서 벗어나 소비자와 국민의 입장에서 다가갈 때 기업도 국가도 의미를 갖게 되는 것이다.

　혼히 일을 할 때 주인의식을 가져야 한다고 하는데 내가 생각하는 주인의식은 '오우너십(Ownership)'이 아니라 '오너십(Honorship)'이다. 소유권을 가진 자로서의 주인이 아니라 명예로운 자로서의 주인이다. 이는 자신과 사회에 대한 '책임감'이자 '사명감'이며, 세상 속의 주체자로서 존재 가치를 가지는 '인간의 근본 사상'이기도 하다.
　세상에는 많은 직업이 있으나 궁극적으로 타인을 이롭게 하지 않는 직업은 올바른 직업이라 말할 수 없다. 설령 타인을 이롭게 하는 직업을 가졌음에도 이타심보다 이기심을 가지고 직업에 임하는 사람도 올바른 직업관을 가졌다고 할 수 없다. 진정한 주인의식과 열정을 가진 사람들이 모인 세상이 바로 '살맛 나는 세상'이지 않을까.

일의 프로, 일의 포로

〈생활의 달인〉이라는 TV 프로그램이 있다. 수십 년간 한 분야에 종사하며 부단한 열정과 노력을 바쳐 달인의 경지에 이르게 된 사람들이 나오는 프로그램이다. 자기 몸무게의 서너

배는 되는 무게를 거뜬히 메고 동대문 상가를 누비는 지게꾼, 네댓 개의 쟁반을 머리에 인 채 좁은 골목을 지나 식사를 배달하는 아주머니, 5초 만에 수타면을 멋지게 뽑아내는 주방장까지…….

그런데 그들의 생활상을 자세히 들여다보면 공통점을 발견하게 된다. 그들이 그렇게 부지런히 움직이는 이유는 회사나 가게를 위해서가 아니라 손님들을 위한 것이었다. 말 그대로 주인의식을 철저히 실현하는 모습이다. '회사의 미래가 나의 미래요, 회사의 성장이 곧 나의 성장'이라는 기존의 주인의식에서 벗어나, 자신의 역할을 정확히 이해하고 주어진 상황에 최선을 다하는 사람들인 것이다. 타인의 시선도 의식하지 않고 자신의 일에 모든 열정을 쏟는 그들은 일에 휘둘리는 것이 아니라 일을 휘두르는 프로들이다.

일에 대한 자신감이 가득 차 두려울 게 없는 프로는 아이디어와 정보를 공유하지만, 일에 포로가 된 사람은 독점하려고만 한다. 일의 프로는 객관성을 가지고 정당한 이유와 근거를 들어 비판하지만, 일의 포로는 근거도 없고 논리도 없는 자기 중심적인 생각으로 목소리를 높이며 비난만 한다. 자신이 한 일에 책임을 지려는 프로와 달리, 일의 포로는 변명으로 일관하며 자리를 피하기에 급급하다.

일의 프로는 아주 작은 기회도 놓치지 않지만 일의 포로가 된 사람은 게으름으로 눈앞의 큰 기회도 놓치고 만다. 일의 프

2장 | 운을 찾을 것

로는 자신의 일에 목숨을 걸지만, 일의 포로는 자신의 자존심에 목숨을 건다. 무슨 일이든 지금 당장이 아닌 다음에, 아이디어가 아닌 비난만 쏟아 내는 사람들은 결코 주인의식을 가진 일의 프로가 될 수 없다.

30년간 '우리 음료의 세계화'를 외치며 달리는 동안 몇 번 회사를 옮기기도 했지만 나의 소명이 바뀐 적은 없었다. 인생은 목표도 중요하지만 목적이 더 중요하다. 어디에서 꿈을 실현하느냐도 중요하지만 꿈이 무엇인지 잊지 않는 것보다 중요한 것은 없다.

3장

임계점을 넘을 것

초록매실,
두 번째 메가 브랜드의 탄생

신기록을 깬 신기록

아침햇살이 출시되고 10개월 만에 1억 병 판매량을 넘기던 시점에 손님이 한 명 찾아왔다. 홈쇼핑 벤더라고 자신을 소개한 그는 꿀단지처럼 재어 놓고 떠먹을 수 있는 매실청을 만들어 달라고 제안했다. 매실은 소화에 좋고 배탈이 났을 때도 도움이 되는 기능성 과실이라고 잘 알려진 만큼 좋은 아이디어라고 생각해 적극 검토하기로 했다. 즉시 마케팅 직원을 통해 광양 섬진강 주변의 홍쌍리 매실 농장을 찾아가 보게 했다. 그런데 농장에 다녀온 직원은 매실이 금방 상해 버리기 때문에 개봉 후 매실청으로 먹기에 적절하지 못하다는 답변을 전했다. 상품성이 떨어져 포기할 수밖에 없는 형편이었다.

상황을 파악한 뒤 곰곰이 생각해 보니 매실청으로는 곤란하겠지만 매실을 소재로 음료를 만들어 보면 좋을 듯했다. 매실이 몸에 좋다고 알려지긴 했지만 사실 대부분의 사람이 맛을 잘 모른다. 사과나 배처럼 생과일로 먹지 못할 만큼 신맛이 강하기 때문이다. 《삼국지》에는 시큼한 매실의 맛을 이용한 에피소드가 나오기도 한다. 책 속 등장인물인 조조가 허기와 갈증에 지친 대군을 이끌고 산을 넘어 행군하는데 병사가 모두 지쳐 쓰러지기 직전이었다. 이에 조조가 병사들에게 "저 산 너머에 매실 밭이 있다더라" 하고 외치자, 병사들이 벌떡 일어나 산을 단숨에 넘었다고 한다. 그만큼 생각만 해도 입에 침이 고이는 신맛의 과일이 바로 매실이다.

매실 음료를 떠올리고 주요 원료의 원산지를 추적하는 과정에서 재미있는 사실을 알게 되었다. 매실이라는 과실은 동북아시아에서만 나는 특용 작물이다. 즉 한국과 중국, 일본에서만 재배되는 작물이라는 것이다. 그래서 매실은 영어로 'Plum'이라고 번역하지만 이는 원래 미국의 자두를 뜻하는 말로 색깔도, 맛도, 기능도 전혀 다른 과일이다.

중국에서는 매실을 뜻하는 '매화 매(梅)'를 중국어 발음대로 'mei'라고 표기한다. 일본에서는 'Japanese Apricot'라고 번역하는데 'Apricot'는 살구나무를 말한다. 아전인수 격으로 마치 일본이 매실의 원조인 것처럼 '일본 살구'라고 영문 표기하고 있는 것이다. 더 큰 문제는 한영사전에서도 매실을 'Japanese Apricot'로 표기한다는 점이다. 미국, 중국, 일본이 각기 매실을 다르게 표기하는데 한국은 일본을 따라 쓴다. 나는 예전부터 이 표기를 바꿔야 한다고 주장하는데 지금도 여전히 그대로 사용한다는 점이 개탄스럽다.

일단 매실을 우리 음료로 만들어 보기로 결심하고 신맛 이미지를 해소할 수 있도록 '맛있고 몸에 좋은' 이미지로 콘셉트를 정했다. 그리고 사람들이 음료를 보고 싱싱한 초록색 매실을 상상할 수 있도록 '초록매실'이라는 이름을 붙이기로 했다. 그동안 유리병은 무색 투명했지만 내친김에 초록매실은 초록색 병을 만들어 달라고 주문했다. 과일은 초록색이지만 내용물은 갈색이기 때문에 병 색깔을 아예 초록색으로 만들어 버린 것이다.

초록매실은 아침햇살의 신기록을 깨며 폭발적인 상승세를 보였다. 출시 8개월 반 만에 1억 병의 판매량을 돌파하면서 음료 사상 전무후무한 기록을 달성했고, 덕분에 국내 매실 원료가 3개월 만에 동났다. 초록색 병 결품 현상이 일어날 정도였다. 첫해 매출이 1,000억 원이 넘었는데 지금 물가로 본다면 거의 2,000억 원 수준을 가진 메가 브랜드의 탄생이었다. 아침햇살이 1999년 1월에 출시되었는데 초록매실이 그해 10월에 출시되었으니 한 해에 연 1,000억 원 규모의 메가 브랜드 2개가 나온 것이다. 국내는 물론 해외에서도 찾아보기 어려운 기록이다. 현재 한국 음료 시장에서 과채 주스 시장 규모가 많이 감소한 와중에도 우리의 과일로 만든 매실 음료는 여전히 당당하게 한 자리를 차지하고 있다.

한국의 장 모네

프랑스의 경제학자이자 행정가, 외교관을 역임한 장 모네 (Jean Monnet)라는 사람이 있다. 유럽 공동체 의장을 지내기도 한 장 모네는 코냑 거래상의 아들로 태어났다. 프랑스 경제 부흥을 위해 애썼고, 유럽석탄철강공동체(ECSC) 설립에도 기여했다. 강대국들의 견제로 초창기 유럽연합(EU) 결성이 어려울 때 장 모네의 역할이 크게 작용해 '유럽연합의 아버지'라고도 불린다.

나는 초록매실을 기획하고 출시하는 과정에서 한국의 장 모네가 되겠다는 포부를 다졌다. 프랑스의 발전을 위해 힘쓴 장 모네처럼 한 분야에서 유의미한 성과를 거두고 싶었다. 초록매실은 내가 기획하고 출시한 히트 상품 중에서 첫해의 반응이 가장 크게 일어난 제품이고, 아침햇살과 함께 내가 가장 애정을 가진 제품이기도 하다. 무엇보다 매실이 한국을 포함한 동북아시아에서만 재배되는 작물이기 때문에 그 의미가 더 컸다.

향후에 아시아 연합이 만들어진다면 동북아의 공통 코드는 무엇이 있을까. '사군자'로 불리는 매란국죽에도 나오듯 매화는 한자 문화권에서 모르는 이가 없다. 매화나무의 열매가 매실이라는 사실도 요즘에는 잘 알려져 있다. 과거에는 시인이나 화가가 작품에 매화를 넣지 않으면 인정받지 못한다는 말이 있었을 정도다. 그런 매실로 만든 음료가 시장을 뒤흔드는 엄청난 인기를 끌었다는 사실은 개인적인 성취감을 넘어 우리의 매실을 주인공으로 담아낸 보람도 컸다.

매실 음료가 초대박을 터트리고 나서 하루는 광양의 시장님과 국회의원, 농민 대표분 들까지 나를 급하게 찾아왔다. 큰일이 났으니 도와 달라면서 말이다. 자초지종을 들어 보니, 광양 농민들이 초록매실의 인기에 힘입어 3년 전 마을에 심은 밤나무를 뽑고 매실나무를 심었다고 한다. 그런데 이제 수확할 때가 되었는데 아무도 구매해 주지 않는다는 것이다. 마침 초록매실이 첫해에 약 2억 5,000만 병이 판매되며 몇 달 만에 국내에 있는 매실 원료가 바닥난 참이었다. 전국에 있는 매실을 쓸어 모아도 한 달 치 생산량을 맞출 수 없는 지경이라 부족한 양을 대만에서 수입해 오는 실정이었다. 고마운 마음에 당연히 우리가 사 드리겠다고 말하고 가격을 살펴봤는데 대만산보다 5배는 비쌌다. 그 가격으로는 도저히 원가를 맞출 수 없었다.
고심 끝에 왜 가격 차이가 나는지부터 조사해 보기로 했다. 대만에서는 야산을 개간해 대규모로 매실을 재배하도록 국가에서 장려하여, 수출하는 매실 업체에 일정 금액을 지원해 준다고 한다. 또 가공용 매실은 따로 구분하여 재배하고 있었다. 이 사실을 확인한 뒤 다시 광양의 농가 관계자분들을 만나 해결책을 논의했다. 현재 가격으로는 서로에게 경쟁력이 없으니 각자 노력할 필요가 있었다. 농가에서 생산 효율을 높여 가격 경쟁력을 올리면 우리는 부가가치가 있는 제품을 계속 개발하겠다고 설득했다.

제품 원료만으로는 부가가치를 충분히 올릴 수 없으니 유럽처럼 관광 산업으로 확대해야 한다는 의견도 제시했다. 와인이 유명한 유럽에서는 샴페인과 꼬냑 등이 프랑스의 생산 지역 이름을 따서 출시된다. 또 매년 와인 축제를 열어 세계적인 관광 사업으로 육성했다는 점도 주목할 만하다. 그래서 우리가 매실을 일부 구매하는 동시에 매실 축제를 지원해 줄 테니, 기업·정부·학교가 농촌 경제 공동체를 결성해 '매실 세계화 기획단'을 만들자고 제안했다. 그렇게 나와 광양 시장이 공동 의장이 되고 나의 멘토이신 이어령 선생님을 고문으로 모셨다.

기존에 매실 축제가 있었는지 물으니 매년 매화꽃 피는 3월에 동네 축제 수준으로 한다고 했다. 이를 대규모 축제로 키우자고 제안하고 매화 축제 신문을 만들었다. 당시 매실로 수익을 내는 업체들에게 광고를 받고 웅진식품이 메인 스폰서가 되어 광양 매실 축제를 성대하게 열었다. 축제에 앞서 한·중·일 매실을 연구하는 학자들을 초청해 '매실 심포지움'을 열기도 했다. 매실의 효능에 대한 연구 등을 주제로 발표하고 축제에도 참석할 수 있도록 일정을 수립했다.

돌이켜보면 한 기업이 모두 주관하기에 쉽지 않은 일이었지만 그때는 매실을 알리기 위한 당연한 과업이라고 생각하고 거칠 것 없이 추진했다. 축제 당일 섬진강 신작로 교통을 차단하고 반나절 동안 로드쇼가 벌어진 장면은 지금도 잊을 수 없다. 전국에서 300명 정도의 풍물패와 놀이패를 초청하여 꽤 거창한 판굿도 벌어졌다. 광양시 행사가 진행되는 모든 도로변 가로등 깃대 꽂이에는 '초록매실'과 '광양 매실 축제' 배너가 자랑스럽게 펄럭였다.

충북 보은 대추, 광양 매실은 물론이고 이천 쌀, 고흥 유자와 제주 감귤 등 꾸준히 우리 농산물을 이용한 음료를 만들고 보급한 이유가 있다. 이 땅에서 나온 작물로 국내는 물론 세계 시장에서 인정받고 싶다는 포부 때문이었다. 신제품 개발 때문이 아니어도 우리 농산물 자체에 관심을 가질 수밖에 없었다. 나의 소명을 이루기 위해 개발과 마케팅의 비즈니스를 넘어 제6차 산업에서 실마리를 찾아야 했다. 가장 세계적인 것을 만들어 내기 위해서는 바로 이 땅에서 출발해야 하기 때문이다.

흐름을 내 것으로 만들 준비

코카콜라를 이길 수 있는 음료

30여 년간 일관되고 고집스럽게 우리 음료를 주장한 덕분인지 현재 음료 시장에는 우리 음료가 상당 부분의 자리를 차지한다. 이제 그 영역을 넓힐 때가 되었다. 나는 우리 음료의 세계화를 넘어 전 세계 인류에게 이로운 음료를 찾고 싶다는 새로운 소망을 품었다.

230여 년에 걸친 세계 음료의 역사상 현재까지 최고의 베스트셀러는 단연 코카콜라다. 불과 30년 전만 해도 연 매출이 대략 20조 원이었는데 지금은 40조 원까지 늘어났다. 선진국에서는 카페인과 설탕 문제로 매출이 주는 추세라고 하지만 개발 도상국과 후진국 사이에서 여전히 저렴하고 맛있는 청량음

료의 대표 주자로 인기가 높다. 다만 140년 아성의 코카콜라
도 더는 성장이 어려울 듯하다. 앞으로 새로운 100여 년을 이
끌 음료는 카페인과 설탕이 들어가지 않은 건강한 제품일 것
이라고 본다.

음료의 존재 가치는 무엇일까? 근본적으로 갈증 해소와 수
분 보충의 기능이 있고, 음식과 함께하는 입가심과 후식으로서
의 역할도 한다. 따라서 음료의 기본적인 속성은 청량감과 맛
이라고 할 수 있다. 거기에 몸에 좋은 기능이 더해진다면 금상
첨화다.

코카콜라는 탄산 특유의 청량감과, 코카 원액과 설탕의 기막
힌 맛의 조화로 꾸준히 전 세계의 사랑을 받고 있다. 청량음료
중에서 으뜸이라는 건 의심할 여지가 없다. 다만 청량음료는
기호식품으로 분류된다는 점을 살펴야 한다. 담배와 같이 몸에
좋지 않더라도 기호식품으로서 삶을 환기시켜 주는 역할을 하
며 꾸준히 소비된다. 코카콜라가 베스트셀러이자 스테디 셀러
인 것은 분명하지만, 과연 음료의 명품이라고 할 수 있는지는
의문이다.

실제로 1977년 미국에서 '맥거번 보고서'가 발간된 이후에
음료의 지존이었던 콜라의 위상이 흔들리기 시작했다. 미국
은 동시대 최고의 경제 대국이자 최첨단 의료 기술을 보유한

국가다. 그럼에도 불구하고 '맥거번 보고서'에 따르면 1975년 당시 미국 인구 2/3 이상이 현대병으로 입원하거나 매년 약 350만 명이 사망에 이르는 등 심각한 사회 문제가 야기됐다고 한다. 국가별 평균 수명이 OECD 국가 중 하위권에 머문다는 점과 매년 늘어나는 의료 비용의 문제도 지적되었다.

급기야 미 의회는 '국민 영양 및 의료 문제 특별 위원회'를 발족하고 원인 규명에 나서게 된다. 전 세계 30여 개 나라에서 약 280명의 전문가를 초청하고 미국의 전 대학 연구소와 영국의 왕실 연구소까지 참여시켰다. 이들은 2년 동안 치열하게 연구했고, 그 결과가 담긴 5,000여 쪽에 달하는 보고서를 1977년 미 의회에 보고했다. 그게 바로 일명 현대병의 교과서로 불리는 '맥거번 보고서'다.

보고서에서는 현대인의 잘못된 식습관이 현대병의 주요 원인이라는 결론을 내린다. 더불어 인류가 현재의 식생활을 버리지 않는다면 결국 멸망할 것이라는 경고와 함께 육식을 삼가고 당분이 많은 음식은 피하라고 권고한다. 특히 "콜라에 함유된 인산은 우리 몸에 있는 칼슘과 결합해 배설되면서 칼슘이 빠져나가게 한다. 이로 인해 뼈와 치아가 약해지고 칼슘이 필요한 신체 대사 작용에 문제가 생길 수 있으므로 콜라 섭취를 줄여야 한다"는 이야기도 바로 맥거번 보고서에서 지적한 내용이다. 이러한 경고는 해당 식음료 회사의 심기를 불편하게 만들었으나, 미국에 엄청난 반향을 일으키며 '내추럴 푸드 붐'

을 일으키는 계기가 되었다.

일본은 1950년대부터 성인병이라는 개념을 제기하기 시작했다. 만성 퇴행성 질환이 주로 성인층에게 발생한다는 데서 착안한 것이다. 그래서 어린이에게 만성 퇴행성 질환이 생길 경우 소아 성인병이라고 구별했다. 하지만 1978년 일본의 국군주의화 반대와 생명 운동에 앞장선 내과 의사 히노하라 시게아키를 통해 습관병으로 명명하게 되었다. 그 후 1991년에는 '생활 습관병'이라는 개념이 확산되었다. 미 상원 건강 보고서 발표에 영향을 받은 것이라 판단된다. 이어 일본 공중위생 심의회는 1996년 생활 습관병의 개념을 전격 도입하며 생활 습관병을 식습관, 운동 습관, 휴양, 흡연, 음주 등의 생활 습관이 발병과 진행에 관여하는 질환군이라고 정의했다. 2000년도에 이르러 일본은 정부 차원에서 '1무 2소 3다'라는 구호와 함께 '21세기 국민 건강 만들기 운동'에 돌입했다. 금연하고 음식과 술을 적게 먹으며, 많이 움직이고 많이 쉬고 다양한 커뮤니케이션의 기회를 갖자는 것이다. 일본이 이 같은 개념을 도입한 배경에는 생활 습관을 개선하면 만성 퇴행성 질환의 발병과 진행을 예방할 수 있다는 사실을 국민에게 알려 실생활로 연결시키려는 목적이 있다.

한국도 2003년 대한내과학회에서 성인병을 생활 습관병으로 개칭한 이래 다양한 학술 활동을 펼치는 중이지만 대부분의 국민은 개념조차 모르는 것이 현실이다. 미국은 물론 일본의 경우 정부가 나서서 국민 건강 보고서 작성과 대국민 운동을 펼친 것과는 대조적인 상황이다. 생활 습관병은 식생활의 서구화, 공해, 스트레스 등이 그 원인으로 알려졌는데 암, 당뇨, 고혈압, 뇌졸중 등의 만성 퇴행성 질환이 대부분이다.

한 국가의 경제 성장도 중요하지만 건강 지수는 말할 나위도 없다. 국민 건강을 의료 기술 발전과 제약 산업의 성장에만 의존하는 것에 한계가 있다는 사실을 맥거번 보고서가 잘 설명해 준다. 일부 언론이나 뜻 있는 이들의 개별 연구 보고서가 발표되고 있지만, 더욱 범국가적인 관심과 실천이 필요하다. 정부의 적극적인 관심은 물론 학계나 업계의 지향점을 바꾸고 소비자들의 참여를 유도해야 할 것이다.

나도 콜라를 뛰어넘어 세상을 이롭게 하고 인류의 사랑을 받는 음료가 무엇일지 계속해서 탐구하는 중이다. 설탕과 카페인에서 자유로울 수 없는 음료가 건강에 악영향을 미친다면, 반대로 사람을 살리는 음료를 만들 수는 없을까? 콜라를 대신하여 차세대를 이끌어 갈 음료를 고민하는 시점에서 필연적으로 맞닥뜨리게 되는 질문이다. 나는 무카페인, 무설탕의 우리 전통 음료에서 바로 그 실마리를 찾았다.

사람을 살리는 음료

청량음료의 역사는 이제 분명한 전환점을 맞는 중이다. 설탕과 카페인이 주원료인 청량음료는 기호식품으로 분류된다. 몸에 좋지 않지만 기분 전환에 도움이 되는 음료다. 그런데 건강을 향한 관심이 높아지며 청량음료를 바라보는 시각도 바뀌는 추세다. 특히 세계를 주름잡던 콜라가 이제 아이들에게 판매를 금하는 국가가 생길 만큼 경계 품목이 되었다.

인체에 필수적으로 필요한 물이 생명을 살리는 음료라면 기존의 청량음료는 오히려 생명을 죽이는 음료에 가깝다. 한국을 비롯해 세계적으로 생명을 살리는 건강한 음료를 향한 니즈가 높아지는 추세다. 이러한 흐름에 따라 차세대 음료 시장은 기호식품에서 생필품의 영역으로 옮겨져야 한다고 본다. 실제로 소비자 요구에 따른 시장의 변화도 감지된다.

농림축산식품부에서 발간한 '국내외 식품 시장 정보 및 동향 분석'에 따르면 최근 30여 년간 한국과 일본의 음료 시장 증가율을 살펴볼 수 있다. 한국의 경우 음료 시장 전체의 규모는 78%가량 증가했다. 그중 기존의 청량음료라고 할 수 있는 탄산, 커피, 주스, 이온 음료 등의 성장률은 26%에 그쳤다. 나머지 52%의 성장세를 만든 제품의 카테고리는 다름 아닌 생수와 차 음료다. 그 이전에는 수요가 있었을지 몰라도 상품으로 시장에 나오지 않았던 제품들이다. 일본 쪽도 거의 비슷한 추이를 보인다. 전체 성장률 75% 중에 청량음료가 25%, 생수와 차 음료 시장이 50% 성장률을 보였다. 이 두 품목이 공히 음료 시장 전체를 이끄는 신생 카테고리라 할 수 있다.

한국과 일본의 차이점도 있다. 한국은 전체 약 5조 원 시장 중에서 생수가 1조 원 수준이고 차 음료는 3,000억 원 수준이다. 일본은 정반대로 전체 약 45조 원 시장 중에서 차 음료가 10조 원, 생수 시장은 3조 원 수준이다. 생수와 차 음료는 제품은 다르지만 구매 목적이나 동기가 갈증 해소와 수분 보충이라는 점에서 동일하다. 왜 이런 차이가 나타나는 것일까?

원인은 출시 시점의 차이에 있다. 일본은 차 음료가 일찍 시작되어 이미 약 4조 원 규모의 시장을 형성했을 때 뒤늦게 생수가 시판되었다. 한국은 생수 시장이 먼저 활성화되었고, 그 후에 차 음료 시장이 커졌다. 하지만 두 카테고리의 합이 전체 시장에서 차지하는 비중은 비슷하다는 점에 주목할 필요가 있다. 이는 향후 성장점이 다를 것이라는 점을 시사한다. 일본은 생수 시장의 성장률이 높아질 가능성이 크고, 한국은 차 음료 시장이 더 커질 수 있는 가능성이 높다.

일본에서 기존에 판매되던 녹차를 비롯한 차 음료의 경우 설탕은 들어가지 않지만 카페인에서 자유롭지 않다. 사실상 카페인 음료는 체내에 수분이 흡수되기보다 오히려 기존에 체내에 있던 수분을 배출시키는 이뇨 효과가 있다. 그래서인지 일본의 차 음료 시장에서 최근 10여 년 사이에 보리차의 비중이 매우 높아지는 중이다. 대략 10조 원 중에서 1조 원 이상이 보리차 시장이다. 특히 어른들이 아이들을 위한 무카페인 차를 찾기 시작하면서 보리차의 인기가 더 높아지는 추세라고 한다.

이는 예사롭지 않은 반응이다. 추후에 내가 출시한 보리차 음료인 '블랙보리'가 미국을 대표하는 유기농 전문 매장 '트레이더 조(Trader-Joe's)'에 입점할 때도 비슷한 이야기를 들었다. 왜 블랙보리 입점 이유를 묻자 현지 MD는 이렇게 답했다. 미국에서도 최근 무카페인과 무설탕 음료를 찾는 중인데 블랙보리가 가장 적합한 제품이라고 판단되어 연락했다는 것이다. 미국의 아이콘이라고도 할 수 있는 코카콜라의 위상 변화를 알 수 있는 대목이자 미래를 예견할 수 있는 답변이기도 하다.

음료 시장의 미래는 무카페인과 무설탕 음료가 주를 이룰 것이다. 거기에 무칼로리나 저칼로리 제품이 인기를 얻는 추세를 보면, 이 기준에 가장 적합한 음료로 보리차만 한 것이 없다. 곡물 음료의 종주국 대한민국의 대표 음료라 할 수 있는 보리차, 옥수수 차 등이 세계 음료 시장의 표준이 될 날이 머지않다는 판단이다. 세계 시장의 추세를 파악했다면, 이제 그 흐름을 내 것으로 만들 준비를 해야 한다.

하늘보리,
세 번째 메가 브랜드의 탄생

우리만의 시그니처 음료

보리차 음료인 '하늘보리'는 건강에 이로운 음료를 찾기 이전에, 우리만의 시그니처 음료를 찾고자 하는 고민에서 시작됐다. 음료 선진국은 모두 그들만의 개성과 특성을 가진 음료를 가졌다. 미국은 콜라, 일본은 녹차, 영국은 홍차 등이 바로 떠오른다. 그렇다면 우리의 시그니처 음료는 무엇일까. 왜 특정 음료가 그 나라에서 사랑을 받고, 또 전 세계로 퍼져나갈 수 있었을까? 그 비결이 무엇일지 고민하다가 어느 순간 무릎을 쳤다.

사랑받는 음료의 비결은 주원료의 산지일 수도 있고 기호에 따른 것일 수도 있겠지만, 가장 근본적이고 중요한 요소는 바로 '푸드 페어링' 개념에 있다. 음료의 주 기능은 갈증 해소와 수분 보충이라고 할 수 있지만 음식을 먹는 도중에 곁들이거나 먹은 후에 마시는 입가심용 후식의 기능도 있다.

미국의 현대판 주식은 햄버거다. 1954년 미국에 맥도날드가 생기면서 햄버거와 콜라는 그야말로 떼려야 뗄 수 없는 관계가 됐다. 퍽퍽한 빵과 고기 패티를 한 입 먹고 나면 자연스럽게 시원한 탄산이 담긴 콜라가 당긴다. 영양 여부를 떠나 맛의 궁합이 잘 맞는다는 뜻이다. 일본도 마찬가지다. 일본 음식인 스시의 생선 비린내와 덴푸라의 느끼함을 잡아 줄 수 있는 것은 떫은 맛의 카테킨과 탄닌 성분이 함유된 녹차다.

그렇다면 우리 식탁에 잘 맞는 후식 음료가 있다면 무엇일까? 과거부터 밥과 함께 먹는 반찬은 주로 맵고 짜거나 젓갈처럼 삭힌 종류가 많았다. 분명 식사 후 입에 남는 얼얼한 매운맛과 냄새를 잡아 줄 수 있는 입가심용 음료를 찾았을 것이다. 선조들이 즐겨 먹던 후식은 바로 보리 숭늉이었다. 밥을 지은 가마솥에 누룽지를 만들어 뜸을 들인 다음, 다시 물을 부어 끓인 물이 바로 숭늉이다.

숭늉은 냄새도 제거하면서 얼얼한 매운맛을 중화시키는 기능이 있다. 쌀이 귀했던 시절에 가마솥 밑에 깔린 보리는 흔하고 구수한 곡물이었다. 숭늉의 냄새를 잡아 줄 수 있는 한 가지 비결은 바로 누룽지에 있다. 밥을 지을 때 가마솥 바닥의 온도는 300℃ 이상 올라간다. 이때 보리나 쌀이 익으며 누려지는데 그 과정은 마치 커피 로스팅의 원리와 비슷하다. 이 과정에서 탄화가 되어 보리 낱알에 구멍이 생기고 표면적이 넓어진다. 그 사이로 냄새가 흡착되는 것이다. 볶고 남은 커피 원두 찌꺼기를 냉장고에 넣어 탈취제로 쓰거나, 냄새 제거를 위해 숯을 비치해 두는 것과 비슷한 원리다. 우리 선조들의 지혜가 돋보이는 대목이다.

보리는 약 1만 년 전 신석기 시대부터 인류가 최초로 경작한 작물이기도 하다. 하지만 보리 숭늉에 뿌리를 둔 보리 음료는 한국이 그 종주국이라고 할 수 있다. 과거 한국에서 가마솥에 누룽지를 끓여 먹다가 전기밥솥이 등장한 후에는 돌솥이나 냄비에 일부러 숭늉을 만들어 먹을 정도였다. 이후 숭늉과 비슷한 맛을 내기 위해 겉보리를 방앗간에서 볶아 주전자에 끓여 마시는 보리차가 숭늉을 대신하게 되었다.

지금도 재래시장에서는 볶은 보리차를 판매한다. 다만 단점은 마실 때 겉보리 가시랭이가 입에 들어온다는 점이다. 이를 보완하기 위해 등장한 것이 지금까지도 사랑받는 보리차 티백 제품인데, 동서식품에서 일본의 차 티백을 도입해 볶은 보리차를 넣어 판매한 것이다. 그리고 드디어 2000년에 이르러 페트병에 담긴 하늘보리가 출시되었다.

상상하면 이루어지는 현실

처음에 보리차를 페트병에 담아 출시하겠다고 보고했을 때는 그야말로 미친 짓이라는 거센 반대에 부딪혔다. 대추와 쌀도 엄청난 반대를 무릅쓰고 출시한 제품이었지만 보리 음료는 그동안 내가 기획하고 출시한 제품 중에서도 가장 큰 멸시와 반대를 받은 제품이다. '누가 물 같은 것을 돈 주고 사 마시겠느냐'는 것이었다. 생수도 없던 시기에 끓인 물로 인식되던 보리차를 페트병에 담아 판다고 했으니 그럴 만도 했다. 나는 "그래서 된다"고 주장했다. 앞으로는 물을 사서 먹는 시대가 올 것이고 5년 뒤에는 보리차가 불티나게 팔릴 것이라고 말이다. 또 보리차와 같은 차 음료 시장은 최대 1조 원까지 확장될 것이라고 장담했다. 앞서 출시를 강행하여 히트시킨 제품들도 있었기에 회사에서 아주 말리지는 못했지만 여전히 반대 여론은 적지 않았다. 당시 주요 일간지에서도 조운호의 보리차 시장 전망을 반신반의하며 '마케팅 천재의 실수인가'라는 칼럼을 게재할 정도였다.

그럼에도 나는 의구심을 품지 않고 본격적인 보리 음료 출시 준비에 들어갔다. 역시나 가장 고민했던 것은 네이밍 작업이었다. 보리라는 이름이 들어가야 하다 보니 세련된 이름을 짓기에 한계가 있었다. 몇 달을 고민하다가 음양오행을 접목하기로 했다. 모든 사물에는 음양이 있고 곡물에도 마찬가지다. 쌀이 양의 곡물이라면 보리는 음의 곡물이다. 쌀은 따뜻한 성질을 가진 주식 급 곡물이고, 보리나 밀은 차가워서 음료수나 맥주로 만들어 먹기 적합하다.

하늘이 양이라면 땅은 음이다. 이 이치를 네이밍에 접목하기로 했다. 쌀은 익을수록 고개를 숙이고 땅을 바라보는데 이는 양의 성질을 가진 쌀이 음인 땅을 지향한다고 해석했다. 반면 보리는 익을수록 꼿꼿하게 서는데 이는 음의 성질인 보리가 양인 하늘을 바라보는 것으로 보았다. 그리고 '보리'라는 것은 쌀과 보리의 곡물 이름이기도 하지만 '보다'의 의지형 표현이기도 하다. 인간이 볼 수 있는 것 중에 최고가 무엇일까 생각하니 하늘이었다. 그래서 탄생한 이름이 '하늘보리'다. 아침 햇살 못지않게 내가 아끼는 이름이다.

그렇게 모두가 반대한 보리 음료를 세상에 선보인 결과는 지금 눈앞에 있다. 불과 20여 년 만에 국내에 시판되는 생수 물량의 총량이 음료를 넘어서고 있고, 보리차를 필두로 3,000억 원 규모의 RTD 차 음료 시장이 형성되어 점점 커지는 추세다. 어찌 보면 우리의 보리차를 현대화·세계화하려는 노력이 오히려 늦었다고 할 수 있을 정도다.

하늘보리가 서서히 인기를 얻어 갈 무렵 홍콩 항공사 캐세이퍼시픽에서 연락이 왔다. 기내식으로 하늘보리를 제공해 달라는 제안이었다. 다소 뜻밖이라 어떻게 연락하게 됐는지 물어보니 기가 막힌 답변이 왔다. 홍콩이 대한민국과 항공 개항을 하게 되었는데, 당연히 한국인들이 많이 이용할 예정이라 한국인이 가장 좋아하는 음료를 조사했다고 한다. 대표 음료가 보리차라는 소비자 조사 결과가 나왔는데, 티백 제품만 많고 페트병 제품은 하늘보리밖에 없어 연락을 취했다는 것이었다. 그 말을 들으니 한편으로 부끄러웠다. 세계적으로 한류의 관심이 높아지며 한국인이 좋아하는 음료를 조사하는 움직임이 늘어나는 추세인데, 정작 우리는 터부시하고 관심을 보이지 않은 세월이 너무 길었다.

보리차 음료를 만드는 건 어쩌면 누구나 생각할 수 있는 일이지만 아무도 하지 않은 일이었다. 내가 좋아하는 단어 중에서 '이매지니어링(Imagineering)'이라는 단어가 있다. '상상하고 생각한 것을 현실화·구체화 시키는 것'이라는 뜻을 가진 명사다. 어린이들에게 동화와 같은 세상을 만들어 주겠다는 사명으로 결성된 디즈니랜드 테마 파트 기획팀이 처음 만든 단어라고 한다.

세상의 어떤 것이라도 누군가의 상상이 없다면 존재하지 않는 것과 다름없다. 반대로 세상에 존재하지 않는 것도 누군가 상상하면 언젠가 이루어진다. 가장 한국적인 것이 가장 세계적이라는 생각을 실현하고 싶었던 나의 바람이 30년이 지나는 동안 점점 현실화되었다. 이제 이 땅에서 쌀이나 보리, 그리고 대추와 매실 같은 원료로 음료를 만들어 마시는 것도 더는 색다른 일이 아니다. 상상을 현실화하려는 노력은 때로 세상을 바꾸는 지혜와 용기를 가져다준다. 바로 그 발상의 시작이 세상을 이롭게 하는 많은 제품과 서비스의 탄생으로 이어진다는 점에 의심의 여지가 없다.

블랙보리,
또 하나의 메가 브랜드

하늘보리 이상의 성공

음료 업계에서의 보리차 음료는 알다가도 모를 아이러니한
제품으로 여겨지곤 한다. 국내 최초의 RTD 보리차 음료인 하
늘보리는 2000년도에 출시된 후 꾸준한 성장세를 보이기는 했
지만, 2005년도에 나온 옥수수염차와 헛개차 등에 밀려 차
음료 시장에서는 만년 3위에 머무는 중이었다. 그런데 하늘보
리가 출시된 지 17년 만인 2017년에 블랙보리가 출시되었는
데, 첫해부터 보리차 시장 점유율 30%를 차지했다. 검은 음료
는 안 된다는 기존의 속설을 깨고 당당히 히트 상품 반열에 오
른 것이다.

이때 업계에서는 하늘보리의 매출이 줄어들 것으로 예상했
다. 그런데 오히려 보리차 시장을 견인하여 동반 상승하는 추

세를 보였다. 블랙보리 출시 이후 하늘보리도 두 배 정도 매출
이 증가했다. 그렇게 2020년도에는 보리차 음료가 옥수수수염
차와 헛개차를 누르고 다시 차 음료 시장 1위를 탈환하게 되
었다. 그 이후에도 하늘보리와 블랙보리가 보리차 시장의 75%
를 차지했고, 지금도 계속해서 성장 중이다.

　하늘보리 첫 출시 이후 24년간 수많은 보리차 제품이 쏟아
져 나왔다. 롯데칠성을 비롯해 CJ와 동서식품, 광동제약 등 내
로라하는 대기업들이 한 품목에서 많게는 세 품목까지도 보리
차 음료를 런칭했다. 심지어 애틀랜타 본사의 제품만 취급하는
코카콜라까지 보리차를 출시하고 광고를 집행할 정도였으니
보리차를 향한 관심이 얼마나 높아졌는지 알 수 있다. 하지만
이처럼 수많은 모방 제품이 등장했어도 그중 시장 점유율 10%
를 넘기는 제품은 하나도 없었다. 선발 제품인 하늘보리의 아
성을 깨지 못했던 것이다.

　선발 제품의 힘은 생각보다 크다. 아무리 자금력이나 조직
력이 큰 기업이라고 해도 후발 제품으로 선발 제품을 따라 잡
기에는 쉽지 않다는 것이 업계 정설이다. 내가 히트시킨 8개의
품목은 수십 개의 브랜드가 비슷한 컨셉으로 따라 나왔지만
한 번도 음료 대기업들에게 마켓 쉐어를 내어 준 적이 없다.

　보리차 시장의 아이러니한 부분은 바로 여기에 있다. 블랙
보리가 23년간 난공불락이던 하늘보리의 아성을 뚫고 보란 듯

이 시장 점유율 30%를 차지했다는 사실 말이다. 두 배로 커지기 전 시장 기준으로 보면 출시 첫해에 60% 마켓 쉐어를 차지하는 매출 규모다. 두 제품 모두 내가 직접 기획하고 출시했으니 나로서 더없이 뿌듯한 한편 놀랍기도 했다. 음료 시장 전체를 들여다봐도 흔치 않은 획기적인 기록이기 때문에 주변에서도 그 비결을 많이 묻는다. 나는 그저 제품을 만들 때 영혼 한 스푼을 넣었을 뿐이라고 답한다. 아니, 사실은 영혼을 갈아 넣었다는 게 더 가까울지도 모르겠다.

블랙보리는 대한민국 농촌진흥청이 10여 년간의 노력 끝에 2012년 세계 최초로 육종에 성공시킨 작물이었다. 검은 쌀이나 검은깨, 검정콩 등은 이미 세계 시장에 시판되고 있으나 검정 보리쌀은 최초였다. 검정 보리는 일반 보리에 비해 활성산소를 억제하는 것으로 알려진 안토시아닌이 4배나 많다. 또 식이 섬유가 두 배나 많고 면역력을 높여 준다는 베타글루칸이 다량 함유됐다. 인류가 문명의 발상지인 강 주변에 집성촌을 이루면서 최초 재배했던 주식 급 작물이 바로 보리였다. 그 1만여 년의 역사를 가진 보리 신품종이 대한민국에서 나왔다는 사실은 온몸에 전율을 느끼게 하기에 충분했다. 이에 우리의 보리 음료가 필요하다는 것은 나에게 너무 당연한 일이었다. 기존의 하늘보리가 동서 티백 보리차를 콘셉트로 만든 보리차였다면 블랙보리는 가마솥의 구수하고 진한 숭늉의 맛을 구현하려고 했다. 이는 본질 원형에 가깝게 접근하려는 노력의 결과다.

큰 틀에서 보면 최초 보리차 음료인 하늘보리 출시 이후 20여 년간 나온 보리차 음료들은 대개 하늘보리를 따라 만든 제품들이었다. 나름의 독창성과 차별성이 부족했던 것이다. 블랙보리의 성공 비결은 단순한 카피가 아니라 보리차 음료의 역사와 배경을 바탕으로 현대화·세계화하겠다는 차별화 포인트에 있었다. 왜 보리차 음료가 필요한지 역사성과 당위성을 고민하는 사람과 선발 제품을 그저 따라 만드는 사람의 차이는 크다. 시중에 나온 히트 상품의 대부분은 독창성과 차별성을 기반으로 만들어진 창작품이다. 새로운 게 없다고 지레 포기하거나 못한다는 선입견을 갖지 않고 분명한 니즈를 바탕으로 과감하게 실행하는 것이 나의 비법인 셈이다.

기호식품을 넘는 생필품 음료의 미래

블랙보리는 출시 첫해 340ml 기준으로 4,200만 병이 팔리면서 공전의 히트를 치게 됐다. 2022년 기준 보리차 RTD 음료의 규모는 약 700억 원 정도지만 나는 앞으로 더욱 성장할 것이라고 확신한다. 이뿐만 아니라 한국의 RTD 차 음료 시장 자체가 현재 3,000억 원 규모에서 두 배 이상 성장할 것이며, 그 전체 시장의 성장을 다름 아닌 보리차가 주도할 것이라고 감히 예상해 본다.

이렇게 생각하는 근거는 일본 차 음료 선행 모델 분석에 있다. 일본도 150여 년 전 메이지 유신 때 서구 문물을 받아들이며 음료 시장이 형성되었다. 일찍 개발한 덕에 세계적인 경제 대국으로 성장할 수 있었던 것처럼 음료에서도 아시아에서는 최초이자 최대 시장을 만들었다. 일본은 한국과 마찬가지로 처음에는 오렌지나 커피, 콜라 등 서구 음료 일색이었다. 그렇게 100여 년이 지나 1981년에는 세계 최초로 캔 녹차를 출시했고 1990년에는 녹차 페트병 제품을 선보였다. 1995년 기준으로 일본 차 RTD 음료 시장 규모는 자그마치 4조 원으로 전체 시장 약 25조 원 대비 16%에 해당했다. 당시 한국 음료 시장의 전체 규모가 약 2조 5천억 원에 불과했으니 놀랄 만하다.

그 당시에도 나는 일본의 차 음료 시장이 향후 두 배 이상 커질 것이라고 했고, 실제로 현재 일본 차 음료 시장 규모는 2.5배인 10조 원까지 늘었다. 그때 차 음료 시장 내에서도 아웃도어용 RTD 음료의 소비량 비중이 미미했기 때문에 이 부분이 크게 늘어날 것이라 예측했는데 바로 그 예측이 맞아떨어진 것이다.

현재 일본의 RTD 차 음료 시장에서는 녹차의 비중이 50%

수준이고 나머지가 우롱차, 홍차, 혼합차, 보리차가 차지한다. 여기에서 주목할 것은 40여 년 전 일본에서 등장한 최초 RTD 차 음료도 일본 차 문화를 상징하는 녹차였지만, 초창기 5년 동안은 판매가 매우 저조했다는 점이다. 오히려 차나무 잎을 반 발효시킨 우롱차를 중심으로 차 음료 시장이 형성되었다. 그러다가 20여 년이 지나 녹차 판매량이 우롱차를 훌쩍 뛰어넘은 것이다.

왜 초창기에는 일본을 대표하는 음료인 녹차가 우롱차에게 밀렸을까? 짐작하건대 흔하게 접할 수 있는 녹차를 굳이 돈 내고 구매할 필요성을 느끼지 못했던 듯하다. 아웃도어용 음료를 향한 니즈가 있었기 때문에 집에서 만들기 쉽지 않은 우롱차나 홍차를 구매했던 것이다. 주로 장거리로 출퇴근하며 지하철에서 사 먹는 도시락과 함께 마실 수 있는 용도로 제격인 음료였다.

그로부터 20여 년이 지나 녹차의 판매량이 앞서게 된 것은 생수의 등장이 계기가 되었을 것으로 본다. 이제 물도 사 먹는 시대인데 하물며 녹차를 못 사 먹을 이유가 없다는 구매 심리가 발동한 것이다. 당연히 녹차 판매가 늘면서 차 시장은 기하급수적으로 커졌다. 하지만 오히려 우롱차 매출은 줄어들었다는 점도 놓쳐서 안 된다.

하늘보리도 처음에는 일본의 녹차와 비슷한 길을 걸었다. 출시 후 처음 5년 정도는 반응이 미미한 수준이었던 것이다. 그러다 뜻밖의 공간에서 서서히 반응이 오기 시작했는데, 그곳은 바로 야구장이었다. 야구는 경기 특성상 관람 시간이 긴 스포츠인데 한여름 갈증을 해소해 주는 데에는 보리차만 한 게 없었다. 얼음통에 담아 판매하는 시원한 보리차가 점점 인기를 끌더니, 이후에는 양주를 판매하는 유흥업소에서도 우롱차 대신 보리차를 구비하여 팔기 시작했다.

다만 이 시점에는 뒤늦게 출시된 옥수수수염차와 헛개차의 인기가 더 높았다. 이유는 일본의 녹차, 우롱차 관계와 비슷하다고 볼 수 있다. 그로부터 10년이 지난 2020년에는 한국 시장에서도 보리차가 단연 1위로 올라섰다. 맑은 티백 타입의 하늘보리에 가마솥 보리 숭늉 타입의 블랙보리가 상호 시너지를 낸 덕분이기도 했다. 전체 차 음료 시장은 커진 반면 옥수수염차와 헛개차는 매출 감소를 보인다는 점도 주목할 만하다. 일본 차 음료 시장의 데자뷔 현상이 연출되는 상황이다.

20여 년 전 보리차 음료를 출시한다고 했을 때 모두 반대했지만 나는 생수를 사 먹는 시대, 보리차가 필요한 시대가 반드시 온다고 확신했다. 실제로 그 예측은 현실이 되었다. 잠재 시장을 읽고 국내 음료 시장에서 성공하기 위한 또 하나의 킹핀을 정확히 찾아 쓰러뜨린 것이다. 앞으로도 우리의 보리차 음료가 코카콜라를 대체할 만한 생명을 살리는 음료, 세계로 나아가는 글로벌 음료로 계속해서 나아가기를 바란다.

4장

틀을 부술 것

자연은,
네 번째 메가 브랜드의 탄생

틈을 공략하는 방법

가을대추에 이어 아침햇살과 초록매실이 연속으로 히트를 치면서 회사가 단숨에 2,000억 원대 매출 규모로 급성장하던 무렵이었다. 매달 축제 분위기가 계속되는 가운데 유통에서 정보가 들려왔다. 범양상선이 부도가 나서 계열사인 건영식품 자금이 모회사로 대거 투입된다고 했다. 따라서 당시 과채 주스 1위 통합 브랜드였던 '가야농장' 제품 원료를 조달하기 어려운 지경이 되었다는 것이다. 당연히 과채 주스 시장에서 50% 점유율을 가진 농장 시리즈의 판매 위축은 경쟁사들에게 기회가 되었다. 대부분의 회사가 나머지 50%를 나누어 가졌던 터라 모두 두 배 매출 목표를 정하고 영업을 독려한다는 첩보도 들려왔다.

원천을 중요하게 생각하는 만큼 나는 우선 가야농장 브랜드를 살펴보았다. 가야당근 농장을 필두로 토마토, 알로에 등 패밀리 브랜드가 출시된 지는 10년이 넘었었다. 과채 주스 분야에서 1,000억 원대 시장을 만들었고 그중 50%의 점유율을 가진 상태였다. 국내 과채 시장을 이끈 대표 브랜드임에는 틀림없지만, 당시 시점에서 다소 올드한 이미지라는 판단이 들었다. 리서치 회사에 의뢰해 봐도 젊은 층 중심으로 같은 의견이 나왔다.

그렇다면 이 시장을 바라보는 관점을 달리하고 아예 새로운 전략을 수립할 필요가 있었다. 당시 웅진식품이 과채 시장에서 차지하던 점유율은 약 7% 정도에 불과했다. 그런데 두 배인 14%를 목표로 할 것이 아니라, 가야농장이 차지하던 시장 전체를 대체할 수도 있지 않을까? 즉시 과채 시장 과반을 차지할 수 있는 전략 수립에 착수했다. 물론 맛에 있어서 어디에도 밀리지 않는다는 자신감도 있었다.

지금까지 대추, 쌀, 매실, 보리 등 세상에 없던 최초의 소재로 음료를 만드는 신시장 개척 전략을 구사했다면 이번에는 기존 시장을 침투하는 전략이었다. 신세대와 구세대를 아우르는 세련되고 모던한 이미지를 위해서는 네이밍부터 중요했다. 이때까지 모든 신제품의 네이밍을 직접 해 왔지만 이번 만큼은 외부 전문가 조직을 이용하기로 했다. 그렇게 거금을 들여

회사에 의뢰했고, 그렇게 나온 브랜드가 바로 '자연은'이다. 순 우리말 넉자로 이어지던 신제품 네이밍에 변화를 준 브랜드이기도 했다.

처음부터 빅 모델 전략을 구사하기로 하여 광고 대행사는 당시 최고의 실력을 자랑하던 오리콤으로 선정했다. 킹핀을 찾았으면 총력을 다해야 한다는 원칙 하에 모든 재원을 멀티로 집중한 것이다. 이러한 멀티 플레이 전략은 프로젝트 시간을 줄여 주면서도 효과를 극대화할 수 있다. 물론 확신이 섰을 때 집행할 수 있는 공격적인 전략이다.

광고 콘셉트는 '자연은 천천히 천천히'로 잡았다. 오리콤의 제안대로 과일 소재별 생육 기간을 표시하는 방식으로 디자인하기로 했다. 예를 들면 '자연은 토마토 90일', '자연은 알로에 760일' 등 생육 기간의 숫자를 디자인에 표기하고, 광고 커뮤니케이션을 동시에 진행하자는 것이다. 기막힌 브랜드 전략이라 판단하고 채택했다.

네이밍과 함께 가장 중요하게 생각하는 패키지 디자인에도 많은 공을 들였다. 자연스러우면서도 건강한 이미지를 보여 줄 수 있는 디자인을 해 달라고 국내 최고 실력을 자랑하는 디자인 회사에 의뢰했다. 그렇게 업계 최초로 캘리그라피 손글씨로 쓴 '자연은' 디자인이 나왔다. 다른 디자인 회사에는 모던하고 컬러풀한 디자인 시안도 받아서 전 직원을 대상으로 경합을 붙여 보았다. 그 결과 캘리그라피 디자인은 채택되지 않았지만, 캘리그라피 디자인 시안이 아무리 봐도 더 낫다는 생각에 결국 캘리그라피 디자인으로 최종 결정했다.

나중에 회장님께 보고해 드리니 캘리그라피 디자인에 한 표를 던져 주셨다. 돌이켜 생각해 보면 디자인이나 광고 감각에 상당한 공감대가 있었던 듯하다. 다른 계열사의 경우 깊게 관여하고 의견을 내신 것으로 아는데, 한 번도 내가 결정한 것을 두고 반대하거나 수정 요청을 하신 적이 없다.

제품 모델은 그 당시 최고의 신선하고 깨끗한 이미지를 가진 이영애 배우를 캐스팅했다. 그렇게 신제품 런칭을 하고 1년 뒤 또 하나의 1,000억 원대 메가 브랜드가 탄생하게 됐다. 자연은 브랜드는 기존 1,000억 원대 규모의 과채 시장 자체를 2,000억 원대로 키우면서 50% 이상의 점유율을 차지했다.

과채 시장 전체를 보고 침투하려는 목표를 세우지 않았다면 기존의 가야농장 점유율을 조금씩 나눠 갖는 데에 그쳤을 수도 있다. 파고들 구석이 없는 것처럼 보여도 기회를 잡으려는 자에게 언제나 가능성의 문은 빼꼼히 열려 있다.

스킬보다 중요한 마인드

공급이 초과된 포화 상태의 시장에서 후발 업체나 제품이 기존 시장에 진입하는 것은 쉽지 않다. 그럼에도 끊임없이 새로운 제품이 세상에 나올 수 있는 이유는 진화하는 소비자의 다양한 요구가 있기 때문이다. 시장 점유율이 낮은 기업이나 후발 기업이 기존 시장에서 직접적인 경쟁을 피하면서 아직 선점되지 않은 분야를 공략하여 자신의 입지를 넓히는 전략은 니치마켓(Niche Market)이라고 하는 틈새시장을 공략하는 것이다. 성공적으로 틈새시장을 공략하기 위해서는 소비자의 잠재 욕구를 찾아야 한다. 공급자 마인드가 아닌 소비자 입장에서 교환 가치를 가질 수 있는 제품이나 서비스 개발이 중요하며, 반드시 독창성과 차별화가 전제되어야 한다.

진입이 쉽지 않은 틈새시장을 성공적으로 공략하기 위해서 '석공의 지혜'를 빌릴 수 있겠다. 이미 경쟁이 치열한 시장은 커다란 바위나 단단한 얼음덩이와 같다. 이를 깨려고 망치나 해머로 무리한 힘을 가한다면 오히려 망치 자루가 부러질 수 있다. 뉴턴의 역학 법칙에서도 이미 증명했듯이 고체에 가하는 힘의 반작용은 지름의 제곱에 비례한다. 지름 1cm의 망치와 10cm의 망치로 바위나 얼음을 때렸을 때 튕겨 나오는 반발력은 10배가 아니라 100배라는 것이다. 이때 석공은 무리하게 힘을 주기보다 끝이 뾰족한 정을 이용하여 반작용을 최소화해야 한다. 소위 송곳 전략으로 틈새시장을 찾아 쐐기를 박고 힘을 가하면 거대한 시장도 결국 무너뜨릴 수 있다.

이처럼 틈을 공략할 수 있는 핵심적인 방법은 소비자의 '페인 포인트(Pain Point)'를 찾아내는 것이다. 세상에 나와 있는 모든 제품과 서비스가 소비자를 100% 만족시킬 수 있을까? 만약 99점짜리 제품과 서비스라고 해도 1%의 불만은 있다. 이 불만 포인트가 바로 페인 포인트다. 90점짜리 제품과 서비스라고 하면 불만은 10%로 커진다. 킹핀 찾기와 비슷하지만 제품과 서비스에 한해 개선 포인트를 찾아 시장에서 틈새시장을 공략하는 접근법이다.

처음 음료 시장에 뛰어들었을 때 제품 개발을 위해 연구소를 찾아간 적이 있다. 당시 연구소장에게 어떤 제품을 만들면 좋겠느냐고 의견을 물었더니, 그는 세상에 나올 만한 제품은 이미 다 만들어 보았다고 대답했다. 더는 새롭게 만들 만한 제품이 없다는 말처럼 들렸다. 한편으로 일리가 있는 말이었다. 그때까지 국내 제품 개발자들의 신제품 개발 원천은 세계 음료 박람회였다. 일본, 독일, 미국 등 각국의 음료를 선보이는 전시회에서 괜찮은 제품이 있는지 살피고 참고하는 경우가 많았다. 하지만 이미 국내 음료 시장은 오렌지, 커피, 콜라와 같은 글로벌 유명 브랜드 제품들로 가득 차 있었고, 이는 몇 년간 새로운 음료가 나오지 않았다는 뜻이기도 했다. 기존 음료 시장에도 소비자의 페인 포인트는 분명히 존재했던 것이다.

당시 눈에 보이는 현상만 보고 판단하여 틈을 노리지 못했다면 한국적 소재를 음료화하겠다는 생각은 하지 못했을 것이다. 이미 잘 팔리는 대기업 제품을 따라가면서 그걸 한층 업그레이드하는 방법을 생각하지 않았을까. 하지만 내 눈앞에 보이는 현상의 이면에 아직 발견하지 않은 새로운 지점이 없을지 고민했기 때문에 한국적 소재의 음료를 떠올릴 수 있었다. 훌륭한 스킬이 있었다기보다 끊임없이 의심하고 집요하게 들여다보는 마인드 덕분이었던 셈이다.

이후 대추, 쌀, 매실, 보리 음료를 기획하고 이들 제품이 시장에서 크게 사랑받은 데에는 물론 연구소에서 제품 맛을 잘낸 덕이 컸다. 그런 실력을 갖춘 개발자들도 한때는 틈을 보지 못했던 셈이다. 스킬보다 중요한 것은 마인드다. 찾고자 하면 반드시 기회가 있다.

기존의 공식에서
새로운 공식으로

보이지 않는 시장 탐색

2023년 한국 음료 시장은 생수를 포함하여 약 5조 원 규모로 알려졌다. 앞서 설명했듯, 이는 소위 캔이나 페트병 같은 용기에 담겨 판매되는 RTD 음료 시장을 말한다. 음료를 용기에 넣어 아웃도어에서 들고 다니면서 마시는 욕구를 채워 준 것이 RTD 시장이라면, 반대로 집안에서 마시는 인도어 시장의 규모는 어느 정도일까?

커피로 예를 들면 밖에서 마시는 캔 커피류나 카페에서 사먹는 테이크 아웃 커피 외에도 집이나 사무실에서 마시는 인도어 커피가 있다. 분말로 된 병 커피나 일회용 스틱 파우치로 포장된 믹스 커피, 또 드립으로 마시는 원두 커피도 여기에 해당될 것이다. 우유의 경우 집이나 병원에서 타 먹는 분유도 일종의 인도어 우유라고 볼 수 있고, 생과일을 믹서나 녹즙기에 짜서 마시는 인도어 주스도 있다.

보리차 음료의 효시라고 할 수 있는 티백 보리차의 소비도 양으로 보면 엄청난 수준이다. 요즘에는 스포츠 음료도 분말 형태로 많이 나온다. 이온 음료의 농도를 소비자가 직접 조절해 마실 수 있도록 배려한 제품이다.

결론적으로 탄산음료를 제외한 대부분의 음료 카테고리는 인도어용 제품으로 만들어져 소비된다. 하물며 비타민 음료도 애당초 '레모나'와 같은 과립 분말 제품으로 시작되어 나중에 액상 형태로 만들어진 경우다. 어디가 먼저랄 것도 없이 인도어 음료와 아웃도어 음료는 엄연히 구분되어 공존한다고 보면 된다.

그렇다면 어느 쪽의 시장이 더 클까? 카테고리와 제품 소재에 따라 다르겠지만 개인적으로 인도어 시장의 규모가 더 크다고 본다. 일본 차 음료의 경우 인도어 시장이 무려 10배 정도 더 크고, 사무실 내 탕비실에서 소비되는 음료류도 무시할 수 없는 규모다.

나도 한때 인도어 음료에 몰두한 적이 있다. 예를 들어 쌀 음료나 두유와 같은 음료를 액상이 아니라 분말로 타 먹을 수는 없을까 하는 생각이었다. 이미 선식이나 미숫가루 같은 제품들이 소비되는 중이었고, 2010년도만 해도 국내 생식 시장은 4,000억 원 규모까지 확대된 바 있다. 당장 수면 위로 드러나 보이지 않지만 선식과 미숫가루를 합치면 엄청난 규모의 시장일 것이다.

최근 맞벌이 부부나 싱글족이 늘어나면서 간단하게 식사를 대체할 수 있는 간편식과 대체식 시장이 급물살을 타고 성장하는 추세다. 편의점만 가 봐도 아침 식사를 대체할 수 있는 간편식이 그 수를 헤아리기 어려울 정도다. 분말 형태로 쉽고 건강하게 식사를 대체할 수 있는 제품이 새로운 간편식 음료 시장을 형성할 때가 왔다는 생각이 들었다.

자연한끼, 코리안 브렉퍼스트

바쁜 현대 사회를 살아가다 보니 아침을 거르는 사람이 점점 늘어나는 추세다. 아침보다 부족한 잠을 조금이라도 채우는 것이 우선이고, 특히 자녀를 둔 맞벌이 부부에게 아침 식사는 거의 불가능하다. 직장인들의 40% 이상이 아침을 거른다는 통계도 있다. 산업 사회의 발전이 가져온 또 하나의 진풍경인 셈이다.

그러나 아침 식사를 거르는 것은 건강에 문제가 될 수 있다고 한다. 저녁과 아침은 다른 식사 간격보다 길기 때문에 아침은 가장 긴 공복 이후에 먹는 식사이기도 하다. 영어 단어인 'Breakfast'도 '깬다'는 의미의 'Break'와 '단식, 공복'을 의미하는 'Fast'의 합성어가 그 어원이다. 즉 단식 상태를 깨뜨리는 식사라는 뜻이다.

잠을 자는 동안에도 기초대사가 이루어지기 때문에 아침은 우리 몸에서 새로운 에너지원을 가장 필요로 하는 때이다. 특히 포도당을 에너지원으로 삼는 뇌에 아침 식사를 통한 에너지 공급은 굉장히 중요하다. 아침 식사를 거르면 점심시간까지 필요한 에너지가 부족함은 물론 중추 신경이 식욕에 대한 흥분 상태가 지속되어 욕구 불만으로 인한 불안정한 상태가 된다. 쉽게 짜증이 나고 집중력과 사고력이 평소보다 떨어지게 된다는 것이다. 또 오랜 시간 공복 상태였다가 한꺼번에 과식을 하는 것도 위에 부담을 주며, 잉여 영양분이 체지방으로 저장되어 비만의 원인이 되기도 한다. 따라서 산업화를 일찍 맞은 서양의 조식은 기본 에너지원을 섭취하는 수준에서 간단히 해결하는 쪽으로 발전했고, 조리법이나 시식법도 간편하다.

국내와 해외를 막론하고 세계적으로 흔히 먹는 아침 식사가 바로 이런 '아메리칸 브렉퍼스트'다. 호텔 조식은 물론이고 아침 시간에 골프를 즐기는 골퍼들이라면 골프장 클럽하우스에서도 쉽게 주문해 먹게 되는 메뉴다. 또 어린이나 청소년을 대상으로 하는 시리얼 제품도 켈로그나 포스트 등 외국 유명 브랜드를 일찍이 들여와 소비하는 중이다. 이미 아메리칸 브렉퍼스트가 글로벌 스탠더드가 된 듯하다.

그런데 빵과 우유를 주식으로 하는 서양의 아침 식사 메뉴가 밥심으로 살아간다는 한국인에게도 좋은 선택일까? 왜 한국인을 위한 '코리안 브렉퍼스트'의 개념은 없을까? 그래서 한국인을 위한 간편한 아침 식사용 음료로 개발하게 된 제품이 '자연한끼'였다.

세계적인 시리얼 제품의 경우 30조 원의 규모로 소비되며 국내에서도 시리얼 시장의 규모는 3,000억 원 수준이다. 어찌 보면 시리얼은 옥수수 등의 곡물을 굽고 설탕을 첨가하여 씹는 맛이 좋은 곡물 과자의 일종이다. 여기에 우유를 말아 먹는 것이다.

내가 개발한 자연한끼는 여러 곡물과 채소 분말에 물이나 우유를 부어 먹으면 동결 건조된 과일 크런치가 함께 씹게 만든 간편 건강식 콘셉트였다. 일체의 화학 첨가물 없이 곡물, 과일, 채소 등 36가지 국내산 천연 원료를 사용했다. '자연한끼'의 '자연'은 인공 첨가물이 없는 천연 소재를 사용했다는 뜻이고, '한끼'는 한자로 '韓氣'를 사용했다. 한 끼의 식사인 동시에 한국인의 동력이라는 의미다. 마치 한국의 비빔밥을 분말화한 듯한 제품으로 코리안 브렉퍼스트를 만들고 싶었다면 억지일까?

자연한끼는 국내 최대 유기농 전문 매장인 올가와 초록마을에서 현재까지 15년째 NB 제품으로 판매된다. 당시 분말 타입 식사 제품의 일회용 개별 포장 시판을 국내에서 처음 시도한 경우라, 곧이어 대기업을 중심으로 이와 유사한 제품들이 여럿 출시되기도 했다. 다이어트를 향한 관심이 높아지면서 한 끼 식사의 대안으로 각광받아 일본 홈쇼핑에서는 단기간 내에 100억 원대의 매출을 올렸다.

　우리 입맛에 맞고 간편하면서도 영양과 기호를 채울 수 있는 코리안 브렉퍼스트에 대한 고민은 계속해서 이어져야 할 것이다. 서양의 '아메리칸 브렉퍼스트'를 공식처럼 고민 없이 향유하기보다 현대화된 시대 변화에 발맞추는 동시에 한국인의 전통과 취향도 놓치지 않는 적극적인 발상 전환이 필요한 시점이다.

올프리 하이트제로,
무궁무진한 잠재력

설탕 없는 탄산음료

웅진식품에서 많은 경험을 하고 소명을 다하기 위해 애쓰던 나의 인생 경로는 또 다른 국면에 접어들었다. 웅진을 나와 4개월간 세계 일주를 하며 리프레시 시간을 가진 뒤 가정용 의료기 회사인 세라젬 부회장을 3년간 맡았다. '월드 헬스 케어 파트너'를 표방하며 미래 설계를 하는 역할을 하면서 개인적으로 건강 지식을 더욱 폭넓게 공부할 수 있었다. 건강 음료를 추구하던 나에게 최고의 경험이자 기회였던 시간이다.

무엇보다도 세라젬 회장님의 인재 등용 열정과 글로벌 조직 관리 리더십은 가히 타의 추종을 불허했다. 임직원들에 대한 무한 신뢰를 바탕으로 가정용 의료기 시장에서 독보적인 자리를 차지하고 있는 것은 결코 우연이 아니었다. 언어 구사 능력이 전무한 국내 대리점장 출신들이 80여개국에 진출하여 온갖 어려움을 이겨 내고 자리를 잡아 나가는 모습은 그의 리더십이 없었으면 불가능한 일이었다. 내가 그룹에 보탬이 되기보다는 오히려 경영을 크게 배울 수 있었던 시간이었다.

세라젬을 나와서는 '얼쑤'라는 친환경 건강 식품 회사를 창업했다. 우리 음료의 세계화를 직접 추진해 보자는 창업 의지보다는 생계형 기업으로 느껴질 때쯤 큰 도움이 되었던 건 자기 수양의 시간이었다. 1,000일간의 108배 수행과 5번의 3,000배 경험은 마음을 단단히 다잡고 내공을 다지는 소중한 시간이었다. 그러던 중 100주년을 앞둔 하이트진로에서 비알코올 음료 사업을 강화하려는 시도가 나와의 인연으로 이어졌다. 당시 웅진에서 음료 사업을 검토할 시기에 벤치마크 회사로 선정한 곳이 하이트맥주였다. 당시 기라성 같은 오비맥주를 누르고 맥주의 새로운 강좌로 올라서던 시기였다. 그 비결을 알고자 본사를 찾은 적이 있었는데 20여 년 만에 함께 일할 것이라고는 꿈에도 생각하지 못했다. 우연 같은 필연으로 다른 업종 확장 없이 알코올음료와 비알코올 음료만을 취급하는 100년 된 회사와 30여 년 가까이 우리 음료를 만들겠다는 일념으로 여러 히트 상품을 만들어 낸 조운호가 만난 것이다.

하이트진로음료 대표로 취임한 뒤에 나는 100주년 주류 기업의 비알코올 음료 강화가 필요한 시점이라고 판단했다. 아예 설탕이나 당을 일체 넣지 않는 차세대 '제로 음료'를 향한 관심이 높아지고 있다는 시대적 변화를 읽은 것이다.

전 세계의 음료에서 물과 차 등 일부를 제외하면 대부분 설탕이 들어간다. 많은 사람이 즐겨 마시는 콜라나 사이다에 200ml당 약 22g의 당분이 있다. 세계보건기구(WHO)에서 권장하는 하루 당분 섭취량은 25g이니, 콜라 한 잔만 마셔도 일일 권장 당분이 모두 채워지는 수준이다. 스포츠 음료나 과일 주스도 예외는 아니다.

물론 설탕과 같은 감미료는 인간이 만든 최고의 맛을 내는 향신료다. 2021년에 1조 5,683억 달러 규모에 이르렀던 세계 음료의 역사에서 빠질 수 없는 효자 역할을 하기도 했다. 다만 최근에는 건강을 향한 경각심이 높아지면서 설탕을 대신한 대체 당이 세계적으로 인기를 끄는 추세다. 사카린이나 아스파탐 등의 합성 감미료, 스테비아나 알룰로스 등의 천연 추출 감미료, 꿀이나 메이플 시럽처럼 자연에서 얻는 천연당, 에리스리톨과 자일리톨 등 당알코올이 대체 당에 해당한다. 설탕 이상의 높은 당도에 비해 칼로리가 낮아 건강이나 다이어트를 목적으로 하는 식단에도 즐겨 사용되지만, 한편으로 대체 당의 부작용을 주장하는 전문가들도 적지 않다.

건강한 식음료를 향한 관심이 높아지는 추세인 만큼 차세대 음료는 설탕이나 당을 일체 넣지 않는 음료가 대세일 것이라는 생각이 들었다. 물론 대표적으로 생수와 생수 대용의 차 종류가 있다. 대신 녹차, 우롱차, 홍차 등은 무설탕이되 카페인은 함유된다. 갓 딴 찻잎으로 만든 녹차, 발효시킨 홍차, 반 발효차인 우롱차와 후 발효차인 보이차는 모두 카페인이 함유된 차나무 잎이 원료이기 때문이다. 따라서 무카페인이자 무설탕인 음료로는 보리차와 같은 곡차가 제격이다.

그러나 차가 세계적으로 사랑받는 탄산음료의 인기를 완전히 대체할 수 없을 것이다. 탄산음료는 이산화탄소가 들어 있어서 특유의 청량감을 느끼게 해 준다. 이때 이산화탄소가 독특한 신맛을 가졌기 때문에 이를 커버하기 위해 레몬이나 라임, 콜라 열매 같은 과일 원료를 섞거나 풍미로 맛을 낸다. 여기에 설탕을 넣어 달콤하고 시원한 청량음료가 만들어지는 것이다. 즉 설탕이 들어가지 않는 탄산음료는 탄산수 외에 찾기 어렵다.

그런 가운데 설탕 없이도 많은 사람의 사랑을 받는 탄산음료가 있다면 바로 맥주다. 맥주가 사랑받는 이유는 청량음료와 같은 단맛이 아니라 '목젖을 때리는 시원함'이다. 운동 후나 목욕 후에 마시는 한 잔의 맥주는 동서고금을 불문하고 사람들의 사랑을 받는다. 여기에서 알코올을 빼면 바로 무알코올 맥주가 된다.

국내 시장에 무알코올 맥주가 등장한 지 8년이 지난 시점까지 전체 시장의 규모는 100억 원도 채 되지 않았다. 하지만 나는 당시 5년 안에 국내의 무알코올 맥주 시장은 최소 2,000억 원까지도 커질 것이라고 주장하며 하이트 제로 제품을 올프리 콘셉트로 전면 리뉴얼했다. 이후 2년 만에 매출은 4배 정도가 늘었고, 국내의 무알코올 음료 시장은 500억 원 규모에 이르게 됐다. 2026년쯤에는 무난하게 2,000억 원까지 성장할 것이라고 예측한다. 시장은 이미 열렸다.

세상이 변하는 속도에 따라 소비자들의 니즈도 점차 빠르게 다양화되는 추세다. 이전에 없었던 시장이 새로 열릴 수도 있고, 기존과 전혀 다른 성장세를 보이는 현상도 얼마든지 일어날 수 있다. 중요한 것은 한발 빠르게 이를 대비하는 것이다.

국내 최초 맥주 맛 보리 탄산음료

하이트진로음료의 하이트제로는 2012년에 출시되었다. 9년 동안 연간 최대 매출이 40억 원 수준이었다. 국내 무알코올 맥주 시장 자체가 2020년까지 연 100억 원 규모에도 미치지 못했다. 하지만 일본의 경우 우리보다 3년 정도 일찍 시장이 만들어졌는데 5년 만에 7,000억 원 규모로 성장했다. 이후로도 꾸준한 성장이 이어지며 현재는 9,000억 원 규모에 달한다. 일본의 선례도 있는 만큼 인구수와 물가 등의 차이를 감안한다고 해도 한국은 최소한 2,000억 원 이상의 시장 가능성은 충분히 있다고 생각했다.

다만 일본과 같이 5년 이내에 급성장하기 위해서는 메이저 맥주 기업이 모두 참여해야 하고 광고를 통해 무알코올 맥주의 특성도 소비자에게 적극 알려야 했다. 내부적으로는 맛과 디자인 및 컨셉의 전면 리뉴얼 작업을 진행하면서 시장에는 메이저 맥주사들이 참여하도록 유도했다. 세계 시장의 규모와 일본 사례를 알리는 것이 주효했다. 일본은 전체 맥주 시장의 4%가 무알코올 맥주이며 독일은 7%, 스페인은 15%, 호주는 20%라는 점을 강조하며 홍보를 진행했다.

전면 리뉴얼을 위한 3년간의 개발 끝에 2021년에 국내 최초 '올프리 하이트제로'를 출시했다. 무알코올 맥주이자 '맥주 맛 보리 탄산음료'로 콘셉트를 확장했다. 기존의 타 회사 제품은 대부분 0.05% 수준의 알코올이 포함되고 칼로리도 많게는 350ml에 90kcal가 넘었다. 올프리 하이트제로는 알코올은 0%에 칼로리는 13kcal에 미치는 제품으로 탄생했다. 한국 식약처 규정상 100ml 당 5kcal 이내라면 '제로' 표기를 할 수 있다. 또 설탕이나 대체당도 일체 들어가지 않으니 말 그대로 맥주 맛을 가진 올프리 건강 탄산음료인 셈이다.

올프리 하이트제로는 매년 상승세를 타며 3.6배의 성장을 이루었다. 3~4년간의 부단한 노력 끝에 롯데 클라우드제로와 카스제로 등 국내 맥주사가 참여했고 칭따오, 하이네켄 등 세계 맥주 브랜드들도 무알코올 맥주로 대거 한국 시장에 뛰어들었다. 실제로 2023년에는 무알코올 맥주 시장이 500억 원까지 늘었고, 계속해서 성장하는 추세다.

　보리차 등의 곡차와 함께 무설탕 보리 탄산음료는 차세대 음료 콘셉트를 갖추고 세계 시장으로 나갈 수 있는 조건을 갖추었다. 국내는 물론 각국의 입맛을 고려하여 발전해 나간다면 콜라와 사이다의 대안이 될 제품으로 충분히 성장 가능하다고 확신한다. 보리차와 보리 탄산음료는 나의 음료 역사 30년간을 통틀어 최애로 꼽는 제품이기도 하다.

소토닉, 진로토닉워터,
문제의 해답은 늘 가까운 곳에

40년간 크지도 죽지도 않은 음료

내가 하이트진로음료의 대표이사로 취임할 당시 임직원들에게 이런 말을 했다. 우리는 하이트제로와 진로 토닉워터라는 원석 두 개를 가졌는데, 엄청난 잠재력을 가진 제품이니 이를 진흙 속에서 꺼내 보석으로 다듬어 보자고 말이다.

그중에서도 진로 토닉워터는 더욱 각별한 제품이었다. 1976년도에 한국 최초의 믹서 제품으로 출시된 진로 토닉워터는 이후 47년이나 이어져 온 스테디 셀러다. 다만 40년 가까이 연 매출이 10억 원에서 20억 원에 그쳤고, 그동안의 최대 매출도 60억 원대 수준이었다. 진로 토닉워터가 국내 전체 시장의 70% 점유율을 가졌으니 국내 전체 시장이 100억 원을 넘기지 못했다는 뜻이다.

하지만 나는 토닉워터의 시장 규모가 10년 안에 1조 원까지 늘어날 것이라고 확신했다. 주변에서는 다들 말이 되는 소리를 하라며 목표 수준을 줄여야 한다고 비아냥거렸지만 나는 분명한 미래를 보았다. 실제로 불과 2~3년이 지난 2023년에는 약 1,000억 원 수준의 국내 토닉워터 시장이 만들어졌고, 진로 토닉워터는 60% 가까운 점유율을 유지하며 전체 시장을 이끌고 있다.

그러나 이는 나중의 일이고, 당시에는 우선 토닉워터의 가능성을 펼칠 수 있는 시장을 더욱 면밀히 살필 필요가 있었다. 늘 그렇듯 역사 추적부터 시작했다. 토닉은 무엇이며, 언제 어디에서 시작되었을까? 토닉은 100여 년 전 영국에서 즐겨 마시신 음료로, 한국에는 진로에서 처음 출시되었다. 진 같은 위스키에 믹서해 마셔서 '진토닉' 등의 칵테일로 많이 알려진 상황이었다. 약 60억 원 이상의 매출이 나왔을 때 보드카가 반짝 인기를 끌던 시기였다.

2017년 당시 영국의 토닉 시장을 살펴보니 '피버트리'라는 음료 회사가 매출 4,000억 원 수준으로 1위를 탈환했다고 한다. 어림잡아 영국 토닉워터 시장이 1조 원 규모는 된다는 의미인데 꽤 매력적인 규모였다. 토닉 시장이 커진 이유는 쉽게 이해할 수 있었다. 위스키는 알코올 도수가 높다 보니 스트레이트로 마시는 사람도 있지만 술이 약하거나 향을 위주로 즐기고 싶은 사람들은 주로 토닉을 섞어 칵테일로 마시기 때문이다.

여기까지 이해하고 나니 바로 나만의 답이 나왔다. 한국에서 진토닉 같은 칵테일은 주로 애호가들이 먹는 술이다. 반면 한국에서 제일 많이 마시는 술은 소주가 아니던가. 그렇다면 소주에 타 마시는 믹서 제품을 만들면 되겠다는 생각이 들었다. 타깃을 확장하며 콘셉트를 변화시키는 것이다.

기본적으로 한국에서 '말아 마시는' 믹서 문화는 이미 익숙하다. 양주와 맥주를 섞어 먹는 폭탄주가 대세이던 시절도 있었고, 지금도 소주와 맥주를 섞어 먹는 '소맥'은 지극히 일상적인 음주 문화의 일부다. 술자리에서 소주든 맥주든 각자 취향대로 술을 마시기 전에 기본으로 소맥 한두 잔부터 마시며 시작하는 경우도 많다.

또 과거에는 소주에 오이나 홍초 등을 타서 마시기도 했고, 백세주를 소주에 일대일로 타서 마시는 오십세주도 있었다. 일본은 산토리 위스키에 탄산수를 타서 마시는 하이볼이 큰 인기다. 마시는 우롱하이 등도 이미 자리 잡았다. 소주와 토닉워터를 섞어 먹는 '소토닉'이라면 낯설지 않으면서도 새로운 음주 취향으로 부상할 수 있다고 확신했다.

영국 진토닉, 한국 소토닉

'영국에 진토닉이 있다면 한국에는 소토닉이 있다'는 콘셉트로 방향을 잡고 홍보를 시작했다. 서서히 시장 반응이 왔다. 일품토닉, 한라토닉 등 여러 주류 회사에서 소주에 토닉을 타 먹는 음주 방법을 마케팅 전략으로 채택하기 시작했다. 맛과 멋, 그리고 재미라는 3마리 토끼를 모두 잡는 콘셉트가 역시나 주효했다.

특히 코로나19로 인해 외식 시장을 비롯한 소비가 위축되던 시기에 오히려 토닉워터는 매출이 매년 두 배씩 늘었다. 주점에 갈 수 없으니 집에서 마시는 '홈술(Home+술)'과 '혼술(혼자 마시는 술)' 등이 유행했는데, 집에서 마시는 술은 대부분 만취하기보다 가볍고 맛있게 즐기는 쪽을 선호한다. 소주뿐 아니라 위스키를 비롯해 다양한 주류를 찾는 소비자들에게 소토닉이나 위스키에 토닉을 섞은 하이볼이 인기를 끌었고, 이어서 편의점에서도 최고 인기 품목이 되었다. 이후 고량주나 데킬라 등에도 토닉을 타 먹는 '믹솔로지' 열풍이 무섭게 퍼져 나갔다.

유통 전략도 차별화했다. 편의점과 할인점에서 요식업소로 판매 경로를 확대한 것이다. 우리나라에 편의점이 5만여 곳이 있는데 편의점 냉장고에는 보통 600여 개의 제품들이 진열되어 있다. 입점하기도 어렵지만 일단 입점한다고 해도 600

대 1의 경쟁을 하게 된다는 뜻이다. 반면 소주를 파는 음식점은 50만 군데가 넘고, 이 요식업소의 냉장고는 편의점 냉장고와 상황이 완전히 다르다. 소주와 맥주가 주를 이루고 사이다와 콜라를 포함해도 대부분 10개 품목이 채 되지 않는다. 나는 바로 여기에 주목했다. 편의점처럼 이미 입점된 제품들과 경쟁하는 것이 아니라 냉장고의 빈자리를 노리는 것이다. 요식업소 냉장고 빈자리에 한 줄이 들어가고 그중 하루에 한 병만 팔려도 총 50만 병이 나가게 되는 엄청난 시장이다.

여기에 전국적으로 모회사 소주인 진로가 입점되어 있다고 생각하니 노다지가 따로 없었다. 일단 5만 군데만 입점하면 나머지는 자동으로 들어가게 된다는 사실을 강조했다. 국내에서만 1조 원 시장의 가능성이 예측되었다. 전담팀을 만들어 영업을 진행하니 서울 강남 포차나 이자카야 같은 주점에는 대부분 쉽게 입점되었다. 이쯤 되니 음료를 취급하는 회사마다 토닉 제품을 만들어 내기 시작했다. 소맥이 소토닉으로 상당 부분 대체될 수도 있을 법한 기세였다.

제품 강화를 위해 용기를 완전히 리뉴얼하고 맛도 보강했다. 오리지널 외에 제로 칼로리 제품은 물론 깔라만시, 홍차, 진저에일, 와일드 피치 등의 라인업을 늘려 나갔다. 기존 300ml 페트병에 600ml 페트병과 250ml 캔까지 용량도 다양화했다. 토닉워터는 매출이 불같이 늘기 시작하더니 6년 만에 10배 이상 규모로 커졌다. 앞으로 1~2년 안에 연간 1,000억 원대 브랜드가 또 하나 탄생할 것으로 보인다.

등잔 밑이 어둡다고 했던가. 답은 항상 가까이에 있다. 무언가 특별한 것을 원한다면 세상에 전혀 존재하지 않았던 것을 찾으려고 애쓸 것이 아니라 가까운 주변부터 돌아볼 필요가 있다. 새로운 것이 아니라 내가 새롭게 관심을 가지고 바라보는 것이 곧 특별해질 것이다.

미래를 예측하고
장악하는 힘

미래 시장을 주도하는 능력

우리는 인공 지능의 시대를 살고 있다. 여러 분야에서 인공 지능을 도입하여 문제 해결의 방법론으로 활용하려는 시도가 활발하다. 언어의 자동 번역은 물론 컴퓨터와 대화를 통해 정보를 교환할 수 있는 자연 언어 처리 영역, 의료와 보험료 산정 및 정보 통신 기술(ICT)이나 생명 공학(BT), 예술 분야까지도 넘나드는 실정이다.

인공 지능의 확장성은 현재 예측하기 어려운 수준까지 이르렀다. 사물인터넷(IOT), 로봇 기술, 드론, 자율 주행차, 가상 현실(VR) 등 혁신적이며 실용적인 기술과 문명이 세계 질서를 바꾸는 중이며, 그 기술의 영향력이 개인에게까지 보편화되는 추세다.

이렇듯 제4차 산업 혁명의 일환이라 할 수 있는 지능 정보 기술 융합의 시대에 마켓 리더의 역할은 무엇일까? 과거 정보 기술과 진단 기술이 요구되던 시대에 사후 평가 능력이 중심이 되었다. 이해·분석 능력이라 할 수 있는 이성적·지적 능력이 평가받던 정보화 시대였다. 유통이 개방되는 글로벌 시장이 열리면서 소비자의 다양한 잠재 욕구를 채워 줄 수 있는 통찰력이 요구되기 시작했다. 통찰력이란 예리한 관찰력으로 사물의 본질을 꿰뚫어 볼 수 있는 마켓 리더의 필수 능력이다.

그러나 지금 맞이하는 인공 지능 시대에서는 과거 시장 분석과 소비자 니즈 파악만으로 경쟁에서 살아남을 수 없다. 첨단 정보 통신 기술을 활용하여 시장을 주도할 수 있는 예측력과 예지력이 필요하다.

또 미래 시장을 주도하기 위해 전방위적 시장 주도 능력 못지않게 끊임없는 호기심과 열정, 사명감을 갖춰야 한다. 면밀하게 시장을 관찰하고 틈새시장을 찾아내며, 시장 흐름을 읽고 최적의 테마를 선정하는 동시에 적절한 타이밍도 놓치지 않아야 한다.

생산 기술의 발전은 1만여 년 전 신석기 시대로 거슬러 올라간다. 이 시기에는 돌을 다듬어 만든 정교한 도구를 사용하며 농경과 가축 사육이 시작되었다. 집성촌 생활은 마을과 사회 구조를 형성했고, 이와 함께 예술과 종교의 발달도 이루어졌다. 사실상 인류의 생산 혁명이 본격적으로 시작된 시기라고 할 수 있다.

신석기 시대 이후 수천 년간 생산 경제의 발전과 기술의 진보는 끊임없이 이어지는 중이다. 그 결과 240여 년 전인 1784년 증기 기관의 발명과 기계화의 시작은 근대적 산업 혁명의 기폭제가 되었다. 1870년 전기를 이용한 대량 생산으로 본격화된 제2차 산업 혁명에 이어, 1969년부터 인터넷이 이끈 컴퓨터 정보화와 자동화 생산 시스템이 주도한 제3차 산업 혁명 시대가 펼쳐졌다. 이제 로봇이나 인공 지능을 통해 실제와 가상이 통합되어 사물을 자동적·지능적으로 제어할 수 있는 제4차 산업 혁명 시대가 도래했다. 기술 진보의 속도는 갈수록 빨라지고 고도화되어 간다.

첨단 정보 통신 기술은 날로 발전하는 추세지만 결국 인간이 만든 도구임을 잊어서는 안 된다. 시장을 주도하기 위해 궁극적으로 무엇을 위한 과업인가를 인식하는 것이 중요하기 때문이다. 세계 인류의 행복과 안녕을 향하지 않는 과학 기술은 무의미하며, 오히려 위험할 수도 있다. 차세대 정보 통신 기술을 적극 받아들이되 세상을 이롭게 하는 마법의 램프로서 활용할 수 있어야 할 것이다.

스스로 믿는 감정, 자신감

아무리 발전한다고 한들 인공 지능은 결코 '사람의 꿈'을 가질 수 없다. 소명을 바탕으로 이루고자 하는 꿈이 있을 때 인공 지능은 어디까지나 보조적인 역할을 수행할 뿐이다. 그럼에도 한 치 앞을 알 수 없는 치열한 경쟁이 수반되는 시장에서 리더가 꼭 지녀야 하는 덕목이 있다면 관(觀)과 행(行), 신(信)이라고 말하고 싶다. 앞이 보이지 않으면 한 발자국도 내딛기 어렵지만 앞이 보이면 달려갈 수도 있다. 지혜롭게 대상을 있는 그대로 자세히 주시하며 일의 전모를 내다보는 것이 관(觀)이고, 이를 망설임 없이 실행하는 것이 행(行)이다. 그리고 관(觀)과 행(行)의 근간이 바로 신(信)이다.

의심암귀(疑心暗鬼)라는 고사성어가 있다. 이는 '의심이 생기면 있지도 않은 귀신이 나온다'는 뜻이다. 한 번 의심이 생기면 갖가지 망상이 잇달아 일어나고 마음이 불안해진다. 불안이 깊어지면 멀쩡한 사람을 믿지 못하게 되어 상호 신뢰도 깨지게 된다. 또 의심의 원천이 될 수 있는 편견과 선입견은 판단을 빗나가게 한다.

타인을 믿지 못하는 마음보다 더 큰 문제는 자기 불신이다. 어니스트 헤밍웨이는 "누군가를 믿을 수 있는지 알기 위한 최선의 방법은 그들을 믿는 것"이라고 했다. 또 "실패의 대부분은 자기 불신 때문에 일어난다"고도 말했다. 소싯적 동무들과 싸움을 하면 주먹질을 하기 전에 눈으로 하는 기 싸움에서 이미 승부가 판가름 났던 기억이 있을 것이다. 이는 신제품을 출시할 때도 마찬가지다. 히트 상품의 여부는 기획 단계에서 결정이 난다고 해도 과언이 아니다. 자신감 없이 시작한 일은 성공을 장담하기 어렵다.

나는 소위 히트 상품을 만들 때 과감한 사전 광고 집행을 하곤 했다. 물론 성공 여부가 불확실한 상태에서 선광고 집행은 많은 이의 염려를 동반할 수밖에 없다. 그럼에도 결과적으로 성공 확률이 매우 높은 편이었다. 그 이유는 성공을 확신할 수 있을 만큼 시장 조사 등의 사전 검증을 철저히 한 뒤에 과감히 집행했기 때문이다. 8개의 히트 상품이 탄생한 것은 내가 하는 일에 분명한 확신이 기반했기 때문에 가능했다.

반대로 훌륭한 제품을 보유해도 성공할 자신이 없어 소극적인 마케팅을 펼쳐 기회를 놓치는 경우도 많이 보게 된다. 미국 2005년 브래들리 대학교 심리학과 연구팀이 전 세계 53개국 약 1만 7,000명을 대상으로 조사한 결과에 따르면, 한국은 자존감 순위에서 44위를 차지했다고 한다. 상대적 강국이라 할 수 있는 일본이나 미국, 중국에게도 기죽지 않는 한국인이라고 생각했는데, 자존감 순위 결과가 낮은 것을 보고 깜짝 놀랐다. '자존감'이란 타인과의 경쟁 관계 안에서 규정되는 '자존심'

4장 | 틀을 부술 것

이 아니라 있는 그대로의 나 자신을 존중하고 사랑하는 마음을 말한다. 천하의 대한민국 청년들의 자존감이 세계 꼴찌 수준이라는 사실이 믿어지지 않았다.

대한민국은 훈민정음을 비롯하여 동의보감이나 직지심경 등 세계 기록 문화 유산 보유 순위가 세계 4위이며, 아시아에서는 중국을 제치고 1위다. 문명의 척도라 할 수 있는 문기(文氣)는 물론 흥이 나면 못 할 일이 없다는 신바람 문화인 신기(神氣)를 가진 민족이 아니던가. 이 땅의 청년들에게 '자존감 고취 운동'이라도 나서서 벌여야 할 판이다.

자존감과 자신감은 어디에서 오는가. 자신감은 스스로 믿는 감정이란 뜻이다. 이는 자신의 삶과 주어진 과업을 주의 깊게 바라보고 생각하는 힘인 관조(觀照)에서 나온다. 눈앞에 보이는 현상보다 사물의 본질을 보려고 노력해야 한다. 이를 위해 뚜렷한 역사관과 확고한 가치관을 가져야 한다. 이를 바탕으로 용기가 생겨나고 자기다움이 만들어진다. 스스로를 믿고 강단 있게 행동해야 한다. 자신감 없이는 아무것도 이룰 수 없다.

5장

다르게 생각할 것

고정 관념에서 벗어난
역발상 마케팅

남들 쉴 때 움직이는 비수기 전략

누구에게나 선입견과 고정 관념이 있다. 살아오면서 세상을 바라보는 나름의 틀을 형성하기 마련이다. 틀을 깨고 나가야 더 큰 세상을 볼 수 있다는 선지식인의 지혜까지 빌려오지 않더라도, 어떤 분야에서든 선입견과 고정 관념에 사로잡히지 않아야 더욱 자유로운 사고를 할 수 있다는 점은 반드시 새겨야 할 덕목이다.

내가 처음 음료 사업을 추진할 당시의 일이다. 찬바람이 불기 시작하는 10월 1일을 첫 제품 출시일로 잡았는데 그 즉시 영업부의 극심한 반대에 부딪혔다. 성수기와 비수기 구분도 할 줄 모르느냐는 것이었다. 대부분의 음료 회사에서는 성수기가 시작되는 3~4월에 신제품을 출시하는 관례가 있었다. 봄바람이 불기 시작하는 봄에 제품을 출시하면 더위가 시작되는 오뉴월에 판매가 본격화되기 때문이다. 따라서 광고도 그 시기에 집행한다는 것이 음료 업계의 정설처럼 여겨졌다. 실제로 성수기와 비수기에 월별 판매 지수가 두세 배까지 차이 나기 때문에 비수기에 신제품을 출시하는 것은 일견 어리석은 일처럼 보였다.

그러나 내가 기어코 비수기에 제품을 출시해야 한다고 주장한 데에는 두 가지 근거가 있었다. 첫째는 대부분의 대기업에서 제품 광고를 시작하는 3~4월에 신생 후발 기업이 상대적으로 적은 예산으로 광고를 집행하면 효과가 떨어질 것이라는 생각이었다. 오히려 모두가 광고를 내리는 비수기에 같은 비용으로 더 큰 효과를 볼 수 있다. 둘째는 영업 조직이 약한 신생기업의 입장에서 비수기의 대리점 모집이 더 용이하다는 것이다. 한창 팔기 바쁜 성수기보다 절반 이하로 매출이 감소하는 비수기에 대리점 모집이 상대적으로 쉬울 테니 말이다. 그렇게 영업부의 반대에도 불구하고 출시를 강행하였고, 결과는 대성공이었다. 물론 제품력이 뒷받침되었기 때문에 가능했지만 비수기 출시 전략으로 열악한 영업 조직을 조속히 확보할 수 있었던 것도 성공의 비결 중 하나였다.

블랙보리를 출시할 때도 마찬가지였다. 하이트진로는 주류 부문에서 국내 최대 회사지만 비알코올 음료 부문에서는 후발 회사다. 주류 회사 영업력의 도움을 받을 듯하지만, 사실 전혀 받을 수 없는 구조다. 술을 팔기 위해서는 주류 면허를 가지고 있어야 하고, 주류 면허를 가진 사람은 업소에 비주류 제품을 취급할 수 없다. 게다가 하이트진로음료는 생수 중심으로 판매했기 때문에 음료 대리점은 거의 없는 실정이었다.

여러 시안을 고려해 비수기인 12월을 출시일로 정했다. 출시 발표회는 서울 강남의 5성급 호텔에서 성대하게 진행했다. 고작 음료 출시에 신제품 발표회가 너무 거창한 것이 아니냐고 핀잔을 주는 사람도 있었다. 하지만 내 목적은 다른 데 있었다. 전 직원은 물론 음료 유통 70%를 차지하는 편의점과 할인점 MD들, 온라인 벤더와 대리점 후보 들을 모두 초청했다. 내부 직원들에게는 자부심을 느끼게 할 의도였고, 외빈들에게는 하이트진로음료가 제대로 음료 시장에 뛰어든다는 메시지를 주기 위해서였다. 물론 한국을 대표하는 보리차 음료인 블랙보리를 출시하는 것에 대한 강한 자신감의 표출이기도 했다.
결과는 대성공이었다. 비수기에 출시했는데도 첫해만 약 4,200만 개를 판매한 것이다. 무엇보다 겸업이기는 해도 1년 만에 음료 신규 대리점 계약을 400건이나 체결했다. 신규 대리점들이 블랙보리뿐 아니라 다른 제품도 함께 취급하기 시작하면서 회사의 전체 매출도 급성장을 이어 가게 되었다.

남들이 하는 대로 따라가는 것은 때로 안전할지 모르겠지만 시장의 판도를 뒤바꾸는 힘은 없다. 안 된다고 생각하는 지점에 의외의 도약 지점이 숨었을 수도 있다. 선입견과 고정 관념은 상상력을 발휘하는 데 있어 가장 큰 적이다.

최선이 아닌 최고의 목표

1995년은 롯데와 해태, 그리고 코카콜라와 같은 대형 기업들이 80% 이상의 시장 점유율을 가진 과점 시장이었다. 전문가들은 하나같이 후발 기업이 음료 시장에 진출하는 것은 어렵다는 진단을 내놓았다.

여기에 몇 가지 근거가 있는데, 첫 번째로 음료 시장은 공급이 수요를 초과하는 상황이기 때문에 신제품이 나오더라도 기존 제품을 대체하는 소위 '제로섬' 법칙이 적용된다는 것이다. 그만큼 경쟁이 치열하기 때문에 기존의 시장 점유율을 뺏어 오는 것은 매우 어렵다고 볼 수밖에 없다. 두 번째로 제품 생애 주기가 짧다는 점도 지적되었다. 아무리 히트를 치는 제품이라도 생애 주기가 짧아 계속 신제품을 내놓아야 하기 때문에 자리 잡기가 쉽지 않다. 실제로 많은 신제품이 반짝 히트를 치고 사라지기 일쑤다. 마지막 이유는 브랜드 충성도나 고객

관여도가 낮다는 점이다. 예를 들어 자동차라면 소비자가 원하는 모델을 직접 찾아가 구매하는 고관여 제품에 해당하지만, 음료는 그렇지 않다. 설령 음료 광고를 기억해 뒀다가 마트에 가서 찾는다고 해도 제품이 없으면 굳이 찾아다니기보다 진열장의 비슷한 제품에 손이 가게 된다.

하지만 나는 음료 시장에 들어서면서 이 세 가지의 선입견과 고정 관념에 도전하기로 마음먹었다. 당시 일본 음료 시장은 한국 시장보다 10배나 큰 규모인 약 25조 원이었다. 내가 분석했을 때 인구수와 물가 등을 감안하더라도 최소 5배를 넘을 이유가 없는데 그 정도 성장이 가능했다는 이야기는 한국의 성장 가능성도 충분하다는 뜻이었다.

나는 당시 한국 음료 시장 규모였던 약 2조 원에 합류하지 못한 추가적인 2조 원 시장을 주목했다. 주스나 커피 등 기존과 동일한 카테고리 내에서 출혈 경쟁을 하기보다 새로운 카테고리를 개척해야 한다고 판단했다. 제품 생애 주기가 짧은 것은 우리가 오래 팔리는 제품을 가지지 않았기 때문이다. 코카콜라도 100년이 넘었고, 오렌지나 커피 시장도 최소 50년 이상 이어지고 있지 않던가. 마지막으로 브랜드 충성도의 문제도 도전할 만하다고 봤다. 코카콜라의 경우 업종을 뛰어넘는 세계 최고 가치의 브랜드이며, 박카스도 마찬가지로 스테디 셀러 제품이다. 우리도 100년 이상 지속되는 메가 브랜드를 만들 수 없다는 법이 어디 있겠는가?

결과적으로 당시 출시한 제품들은 20여 년이 지난 지금까지도 소비자들의 사랑을 받는다. 지금의 시장 상황도 30년 전과 크게 다르지 않다고 본다. 그동안 한국 음료 시장은 생수 시장이 가세하면서 5조 원대로 성장했고, 일본도 45조 원 수준에 이르렀다. 우리가 다소 따라붙었지만 여전히 큰 잠재 시장이 남아 있다.

1999년에 아침햇살을 출시할 때의 상황도 마찬가지였다. 나는 페트병의 고급 무가당 오렌지 음료가 2,500원으로 최고가에 해당했던 시절에 아침햇살을 2,800원으로 출시하겠다고 주장했다. 여지없이 'IMF 시기에 무리수다', '쌀 음료는 생소하다', '가격이 비싸다' 등의 반대 의견과 온갖 부정적인 예측이 쏟아졌다. 그럼에도 아침햇살은 어엿한 히트 상품으로 자리매김했다.

경기가 좋지 않을 때는 저가 제품만이 살길이라고 생각하는 것이 일반적이지만, 기호품인 소비재의 경우는 다르다. 다소 가격이 높더라도 꼭 필요하고 좋은 것을 선택한다는 소비자의 구매 심리를 놓치지 않았다. 물론 무작정 가격만 높이는 것이 아니라 소비자들의 잠재 욕구를 채워 줄 수 있는 제품 가치와 품질이 전제되어야 한다는 것은 당연하다.

어차피 안 될 것이라는 고정 관념과 선입견은 마음먹기에 따라 얼마든지 깰 수 있다. 밤하늘에서 떨어지는 별똥별을 보며 아쉬워하기보다, 여전히 하늘에서 반짝이는 수많은 별을 바라보는 사람이 바로 프로다. 시선을 발끝이 아니라 끝없는 세상 저편에 두어야 한다. 목표에 도달하는 과정에서 부정적인 예측과 평계는 불필요한 걸림돌에 불과하다.

은행원 출신이
성공한 이유

마케팅 1세대의 출범

한 명의 아이디어로 히트 상품이 8개나 탄생한다는 건 쉽지 않은 일이다. 국내는 물론 해외에서도 이런 사례를 찾아보기 어렵다 보니 내게 신제품 개발 노하우를 묻는 사람도 많다. 막상 한 번 성공의 공식을 익히고 나면 그다음 시도는 더 쉬워진다. 나는 회계학 전공의 은행원 출신으로 마케팅 공부를 따로 한 적이 없다. 하물며 식품공학 전공자도 아닌데 제품 개발 기획을 했으니 특이한 사례이긴 하다.

우리나라 마케팅 1세대의 출범을 함께했기에 시기적으로 운도 좋았다. 내가 음료 업계에 발을 들인 시점이 1995년이었는데, 당시 한국에 마케팅이라는 개념이 막 들어오던 시기였다. 이전까지만 해도 공급자 중심의 시장이었다. 생산이 곧 판매가 되던 시절에 마케팅이 크게 중요하지 않았다. 마케팅이라는 용어는 있었으나 영업과 같은 개념으로 보는 경우가 많았고, 마케터는 그저 광고를 하는 사람이었다. 해외 브랜드도 있었지만 보호 무역 차원에서의 제약 조건이 많아 기본적으로 국내 기업끼리 경쟁이 이루어졌다.

그러던 중 1980년대 말의 우루과이 라운드부터 1995년 전후로 출범한 세계무역기구(WTO) 등 무역 개방이 본격적으로 이루어지면서 비로소 마케팅의 중요성이 부각되기 시작했다. 1990년대에 들어서는 '소비자가 왕'이라는 말이 나올 정도로 공급이 과잉되는 시장이 형성되었다. 엄밀히 말하면 내가 1995년 B2C(Business to Customer: 기업 대 소비자) 소비재인 음료업계에 진출했던 시기부터 본격적으로 마케팅의 중요성이 떠오르기 시작한 것이다.

글로벌 기업의 마케팅 기법들이 소개되면서 국내 시장은 더욱 치열해졌다. 대표적인 예로 1982년에 발족한 신한은행의 마케팅 기법을 들 수 있다. 신한은행은 1981년 정부의 은행 민영화와 자율화 촉진 지침이 발표된 후 처음 생긴 민간 은행이었다. 신한은행의 선진 금융 기법은 당시 모든 시중 은행에게 신선한 충격이었다. 적어도 내게는 그렇게 보였다.

일단 가장 큰 차별점은 지점 내 창구의 변화였다. 그동안 은행은 문턱이 높다는 이미지가 있었다. 대출받기 어렵다는 말을 우회적으로 표현한 것이지만 실제로 은행 창구가 가슴 높이에 있어서 고객들은 서서 일을 처리했다. 신한은행은 우선 고객이 앉아서 은행 일을 볼 수 있도록 창구의 높이를 낮췄다. 이것만으로도 고객 입장에서 큰 변화였다.

다음은 원스톱 서비스 시스템이었다. 그동안 은행에 가면 예금, 대출, 세금 납부나 동전 교환 등의 창구가 모두 따로 있었다. 몇 가지 업무를 보려면 매번 여러 창구에서 줄을 서야 했다. 큰 거래처의 경우 은행 내부에 위치한 책임자 사무실에 들어와 한꺼번에 일을 처리하게 해 주는 것이 큰 특혜에 해당했다. 그런데 신한은행에서는 일반 고객들도 한 창구에서 모든 일을 한꺼번에 처리할 수 있도록 하는 시스템을 도입했다. 내부 직원들의 역량 교육이 필요했겠지만 고객의 편리성 면에서 획기적인 변화였다.

번호표 발급 시스템도 이때 생겼다. 그동안 줄을 서거나 직원들이 일일이 고객 이름을 호명했는데, 이제 번호표를 뽑아 창구에서 번호를 부를 때까지 순서대로 기다릴 수 있게 되었다. 이러한 모든 서비스를 이후 다른 은행에서도 채택하게 된 것은 당연한 수순이었다. 고객 관점의 마케팅이 얼마나 중요한지 보여 주는 사례이자 고객 중점의 마케팅을 체감할 수 있는 커다란 경험이기도 했다.

수요는 있으나 상품화되지 않은 것

나는 마케팅학을 따로 배운 적은 없지만 애초에 '한국에 왜 우리 음료가 없을까?'라는 질문에서 음료 사업을 시작했기 때문에 철저한 소비자 중심의 마인드로 마케팅에 접근했다. 그리고 끊임없는 질문으로 음료의 역사와 시장 동향에 대한 이해도를 높였다. 과거 추적은 미래를 예측하기 위해 꼭 필요한 덕목이다.

연세대학교에서 MBA 과정을 공부하면서 마케팅 석사 학위를 받기 전까지 소비자 관점에서 직관으로 상상하고 질문하고 실행한 것이 전부였다. 대학원에서 3년간 공부하면서 배운 것들 중 가장 유용했던 점을 단 하나만 꼽자면 미충족 욕구를 일컫는 '언맷 니즈(Unmet Needs)'를 찾아야 한다는 것이다. 히트 상품을 만들기 위해 소비자의 잠재 욕구를 찾아내는 것이 가장 중요하다.

신제품을 기획할 때 반드시 던져 봐야 하는 질문이 있다. '수요는 있으나 상품화되지 않은 것이 있는가?' 예를 들어 행주는 요즘 종류별로 여러 장씩 구매해 가정에서 사용하지만 40년 전만 해도 그렇지 않았다. 그때는 주로 아버지나 형들이 입다가 해진 민소매를 하이타이라는 세제에 삶아서 행주로 썼다. 면으로 만든 러닝셔츠는 훌륭한 행주 역할을 했지만 지금 생각하면 다신 경험하고 싶지 않은 일이다.

그래서 누군가 필요를 느껴 처음 행주를 만들어 시장에서 팔기 시작했을 것이다. 2,300만 가정에서 한 두어 장씩 쓴다 가정하고 1년에 한 번 정도만 교체한다고 해도 시장 규모가 얼마나 되겠는가? 한 장에 2,000원만 잡아도 행주로 매출을 2,000억 원씩 올릴 수 있을 것이다.

수요는 있으나 상품화되지 않았던 사례는 행주뿐만 아니라 김치나 밥, 생수 등 부지기수다. 과거에 직접 만들어 먹던 것들이 현재 시장에 상품으로 나와 있다. 음료도 마찬가지로 용기가 만들어지기 전에는 집에서 핸드 메이드나 홈 메이드로 직접 만들어 마셨지만, 지금은 상품화되어 소비자들의 보이지 않던 니즈를 충족시키게 되었다.

특히 내가 음료 신제품을 기획할 때 근본적으로 중요하게 생각하는 관점은 '밥상 위에 답이 있다'는 것이다. 이미 우리의 5,000년 역사에서 사랑받았던 먹거리들이 있다. 조상들이 이 땅에서 나는 작물을 먹어 보면서 독이 있는 것은 피하고 궁합이 맞는 것은 요리하여 취사 선택해 온 결과를 보고 있는 것이다. 나는 이미 한국인들이 원하고 즐기는 먹거리들을 음료화할 뿐이다.

세상에 완전히 새로운 것은 없을지 몰라도 상품화되지 않은 것은 있다. 내가 하고 싶은 것이 아니라 고객이 원하는 것이 무엇일지, 표면 위로 드러나지 않지만 어떤 미충족 욕구가 존재하는지 들여다봐야 한다. 그것이 내가 수차례 히트 상품을 만들어 낼 수 있었던 비결이자 마케팅의 기본이기도 하다.

문을 두드리면
나타나는 기회

한정된 자본에서 최대한의 효과를 내는 법

현실적인 경제적 조건이 없다면 과감하고 규모가 큰 도전이 얼마든지 가능하겠지만, 모든 비즈니스와 마케팅은 자본의 한계가 존재하기 때문에 어려움에 부딪힐 수밖에 없다. 회계학 전공의 은행원 출신이라서인지 나는 늘 숫자로 답을 구하곤 한다. 음료 시장의 미래를 설계하기 위해 음료 시장의 역사를 추적하고 현주소를 파악해야 하는데 이때도 정확한 수치와 통계가 빠질 수 없다. 숫자로 시장을 파악하고 유효한 전략을 구상하는 것은 나의 강점이자 핵심 역량이기도 하다.

만약 자금력이 약한 회사라면 때로 정공법이 아니라 잔머리가 유효한 전략으로 먹힐 때도 있다. 가을대추를 출시하고 대고객 프로모션을 기획할 때의 일이다. 30대 남성 직장인을 타깃으로 시음 행사를 하고 싶었는데 가장 적합한 곳을 떠올리자니 다름 아닌 주유소였다. 요즘에는 주유소 판촉도 일반화되었지만 1990년대 중반에는 갓 시작하던 시점이었다. 차에 기름을 넣으러 오는 운전자를 대상으로 따뜻한 가을대추 한 캔을 서비스로 준다면 좋은 이미지를 각인시킬 수 있을 듯했다.

그런데 알바 기용이나 포스터·배너 설치 등의 비용이 만만치 않았다. 고민하던 차에 주유소 판촉 전담 회사가 있다는 사실을 알게 됐다. 미팅을 진행한 끝에 좋은 조건으로 제안이 들어왔다. 판촉 회사에서 모든 비용을 대고 서울 시내 대형 주유소 100여 곳에 멀티 비전 스크린 광고도 틀어 주겠다는 것이었다. 대신 가을대추 제품을 원가로 납품해 줄 수 있느냐고 했다. 속으로 쾌재를 부르면서 애써 표정 관리를 했다. 그쪽에서는 주유소 판촉 초창기에 주유소 사장들을 설득시킬 아이템이 필요했다. 수익 구조는 주유소에 청구하고 우리에게는 적합한 아이템을 저렴하게 제공해 달라는 이야기였다. 그렇게 매출까지 올리면서 초기 런칭 시음 행사를 훌륭하게 마칠 수 있었다.

적은 비용으로 최대의 광고 효과를 내기 위해 광고 대행사에 역제안을 했던 적도 있다. 당시 지하철 천장과 벽면 광고가 유행하는 중이었는데 경기가 좋지 않아 지하철 광고가 1만 장이나 빈 상황이라고 했다. 마침 광고 대행사에서 3,000장의 광고를 해 달라는 요청이 들어와, 그렇게 할 테니 대신 비어 있는 1만 장 자리에 모두 우리 광고를 넣어 달라고 했다. 광고 인쇄 제작비는 우리가 댈 것이고, 언제라도 새로운 광고주가 나타나면 7,000장은 즉시 교체해도 된다는 조건이었다. 그렇게 3,000장 가격으로 1만 장 광고를 제안함으로써 광고업자를 놀라게 했다.

부딪치면 찾아올 행운

아침햇살 1주년 행사를 앞뒀을 때의 일이다. 기대 이상으로 성공한 제품이니 멋지게 1주년 행사를 치르고 싶었다. 3,000명 정도 고객들을 초대하여 자동차 등의 경품도 푸짐하게 걸고, 유명 가수들도 초청하여 대리점은 물론 전 직원들도 즐길 수 있는 이벤트를 기획했다. 장충체육관 정도의 장소를 빌려 행사를 치르는 예산을 뽑아 보니 당시 비용으로 약 3~4억 정도였다. 지금 기준에서도 꽤 큰 비용이 들어가는 기획이었다.

고심 끝에 음악 방송 MTV 담당자를 만났다. 매주 인기가요 같은 음악 방송을 진행할 때 공연장을 어떻게 구하느냐고 물어보니 예상대로 임대를 한다는 것이었다. 우리가 1억 원을 낼 테니 장충체육관을 빌려 무대 등 모든 행사를 준비해 줄 수 있겠느냐고 제안했다. 대신 음악 방송 녹화 전에 무대를 1시간 정도만 쓰겠다고 했다. 거기에 관객 동원까지 해 준다고 하니 흔쾌히 받아들였다. MTV에서는 그 대가로 2억 원 규모의 광고를 무료로 집행해 주기로 했다. 덕분에 당일 행사를 멋지게 치르는 것은 물론 당대 최고 가수들의 공연까지 즐기도록 할 수 있었다. 거의 공짜로 이벤트를 한 것이나 다름없었다.

사실 초창기 자금이 부족할 때는 지면 광고 하나를 내기도 버겁다. 그런데 가을대추를 런칭했을 때 매출 규모에 맞지 않게 주요 일간지 백면 전면 컬러 광고를 집행하고 나니 갑자기 일이 커졌다. 웅진이 음료 사업을 제대로 하나 보다 싶었는지 모든 언론사의 광고 담당자들이 찾아오기 시작한 것이다. 그런데 막상 예산 집행은 이미 다 끝난 상황이었다.

회사 마케팅 담당자는 자리를 피하라고 했지만 내 생각은 달랐다. 광고 집행을 할 예산은 남지 않았지만 일일이 그들을 반갑게 맞았다. 제품 홍보에 이렇게 좋은 기회가 또 있을까 싶었다. 당장은 광고를 못 하지만 앞으로 잘되면 집행할 수도 있을 테니 신제품 홍보라도 많이 해 달라고 부탁했다. 덕분에 초창기에 엄청난 퍼블리시티 홍보물을 대부분의 언론에 최대한 노출시킬 수 있었다.

하늘이 무너져도 솟아날 구멍은 있고, 궁하면 통하기 마련이다. 사업 초기에 자금이 부족한 것은 대부분 마찬가지일 수밖에 없지만 되든 안 되든 일단 두드려야 문이 열린다.

새 시대가 요구하는 리더십

SNS로 연결된 마음

요즘 같은 시대에 SNS를 안 하는 사람이 있을까? 나는 소통과 나눔, 그리고 협업의 시대로 설명되는 마켓 3.0과 웹 3.0의 시대에 살고 있음을 실감한다. 과거에는 고객이 필요로 하는 것과 원하는 것을 충족시켜 주는 이성과 감성의 리더십이 필요했다면 3.0 시대에는 영성의 리더십이 요구된다. 소비자와 사회의 강력하고 구체적인 주문을 수용할 수 있는 기업 철학과 리더십을 갖추어야 한다는 것이다. 경제 활동을 하는 기업인이라면 시대가 요구하는 기업관과 이념을 갖추었는지 자문해 보면서 기업 경영의 초석으로 삼아야 한다.

몇 년 전부터 나는 SNS를 하는 재미에 푹 빠졌다. 주로 페이스북과 인스타그램 중심으로 포스팅하며 소통해 왔다. 사진 찍는 것도 좋아하고 시처럼 짧은 글을 올리는 것도 즐기는 편이기 때문에 종종 애용했다.

하지만 트위터(현 X)는 다른 SNS에 비해 유독 포스팅을 해도 아무런 반응이 없었다. 사용자가 10대나 20대 중심이라 그런가 하고 대수롭지 않게 생각했는데, 우연히 둘러보던 중 한 아이돌 그룹 멤버가 블랙보리를 즐겨 마신다는 트윗을 발견했다. 반가운 마음에 하트를 누르고 리트윗까지 시전했다. 내친김에 댓글로 소속사에 블랙보리를 좀 보내 주고 싶다고 했더니 바로 반응이 왔다. 소속사 정보와 함께 팬덤 이름, 또 조만간 있을 콘서트와 팬 사인회 정보까지 보내 주었다. '이거다!' 하고 무릎을 쳤다.

마침 블랙보리 1주년이 다가와 슬슬 이벤트를 기획하는 중이었다. "블랙보리 출시 1주년 기념 핵인싸템 팬싸 지원 이벤트, 블랙보리 사장이 쏜다"라는 이벤트 소식을 트위터에 올렸다. 연말을 맞아 팬 사인회나 콘서트를 하는 아이돌 그룹과 연예인 팬들을 대상으로 하는 이벤트였다. 대표이사 개인의 계정에서 직접 이벤트를 하면 반응이 클 것이라고 판단했고, 블랙보리 출시 기념일이 12월 연말이라 시의성도 있었다.

블랙보리와 연예인 이름을 해시 태그해서 트윗하면 응모할 수 있도록 하고, 응모 기간 중에서 해시 태그된 트윗 수가 상위 5위 안에 드는 팀을 선정했다. 경품으로 블랙보리 각 365병을 팬 사인회나 콘서트 때 증정하기로 했다. 일주일간 진행된 이벤트 참여율은 가히 폭발적이었다. 54개의 팬클럽이 참가했고 42만 명에게 도달했으며 70만 회 이상 노출되었다. 심지어 행사 기간 중 실시간 트윗 순위에 1위로 몇 차례 등극할 정도였다.

소비자와 소통하는 CEO

트위터에 덜렁 이벤트 소식만 올려놓고 가만히 기다리기만 했던 것은 아니다. 이벤트에 참가한 사람들의 트윗에 일일이 대응해 준 것이 더 주효했다. 세대 차이가 날까 싶어 이모티콘도 적극 사용해서 화답했더니 오히려 다들 "사장님이 물 들어오니 노 젓는다"고 재밌어하며 활발하게 반응해 주었다. 직접 '짤(그림)'을 그려 올리거나 '움짤(움직이는 짤)'을 올리는 사람도 있고, 좋아하는 연예인의 사진에 블랙보리를 합성해 자체적으로 광고를 만들어 올리는 사람도 있었다. 시간 가는 줄 모를 정도로 여러 트윗을 주고받는 동안 내 계정이 몇 차례 먹통이 되기까지 했다. 트위터 정책상 많은 좋아요나 리트윗을 하면 강제로 사용 제한을 시키기 때문이다.

내가 특별히 신경을 쓴 부분은 응모 마감일을 칼같이 준수하는 일이었다. 응모 마감일 자정에 당첨자 발표 포스팅을 준비해 두었다가, 자정이 지나자마자 즉시 업로드했다. 뜨거운 성화에 보답하고 싶었던 내 마음을 읽고 많은 사람이 감동을 표시해 주었다. 애초에 5팀을 선정하기로 했지만 반응이 너무 뜨거워서 10팀을 선정하기로 했다. 대표로서의 권한을 총동원하여 최대한 즉각적으로 반응하고 이벤트를 집행했으니 분위기가 좋을 수밖에 없었다. 이벤트 경품 집행 후에는 또 그 결과를 체크하고 트윗으로 공유했다. 경품 집행을 한 번 할 때마다 몇 차례 실시간 트윗 순위에 올라가는 일이 생겼다.

이 이벤트는 매년 12월이 되면 실시하고 있고, 1억 병이나 2억 병씩 실적이 크게 오르면 그때마다 추가 이벤트를 진행한다. 그 후, 어느 순간부터 블랙보리뿐만 아니라 하이트제로나 진로 토닉워터를 검색해 발견한 트윗에도 반응을 바로 해 주었다. 이 행사를 5년간 연례 행사로 진행했더니 이제 몇몇 팬들이 나를 알아본다. 그도 그럴 것이, 연예인 팬덤 트윗에 웬 정치인 같은 프로필을 단 아저씨가 반응하니 '누구지?' 하고 한 번쯤 조회해 봤을 것이다. 계정에 들어가 보면 그 제품을 만든 회사 사장이니 깜짝 놀라면서도 재미있어하는 것이다.

트친(트위터 친구)들이 지어 준 별명도 있다. 동방신기 멤버 유노윤호 이름에서 따온 우노운호, 블랙보리 이야기만 나오면 어디선가 나타난다고 '짱가' 등이다. 트위터에서 꽤 유명 인사가 되어 관련 기사로 여러 차례 언론에 노출되기도 하고, 소통하는 CEO 시리즈가 나오면 어김없이 내 이름이 등장한다. 트위터의 재미는 양방향 소통이면서도 즉시성에 있다. 페이스북은 포스팅이 올라가면 한참 뒤에 누군가 읽어 보고 반응해 주기도 하지만 트위터는 한 번 지나가면 끝이다. 젊고 열정적인 트위터 사용자들과 소통하는 재미는 나에게도 큰 활력이 되었다. 세대를 넘어 상대방의 입장, 어떤 제품을 접하는 소비자들의 입장에서 생각하고 진심으로 대한다면 충분히 그들의 마음을 읽고 가까워질 수 있다는 깨달음도 얻었다.

성공에서 지식,
실패에서 지혜

첫 실패에서 발견한 깨달음

가을대추로 성공을 거둔 이후에 제철 음료라는 개념을 떠올렸다. '가을'하면 대추가 떠오르듯 각 계절을 대표하는 음료를 만들면 좋겠다는 생각을 한 것이다. 여름에는 수박, 겨울에는 동치미, 봄에는 쑥이 딱 제철이 아니던가. 그중에서도 수박 음료를 향한 기대가 남달랐다. 수박은 갈증 해소라는 음료의 핵심 니즈를 만족시키는 동시에 호불호 없는 맛을 지녔기 때문이다. 아무리 몸에 좋은 인삼과 당귀를 넣어 만든 음료라도 맛이 없거나 갈증 해소가 되지 않으면 소비자의 선택을 받을 수 없다. 음료라면 갈증 해소, 맛, 기능이라는 세 가지 요소를 충족시키는 것이 가장 중요하다.

나는 곧바로 '여름수박'이라는 네이밍을 완성하고 제품 출시 준비에 들어갔다. 제품의 디자인도 만족스럽게 나왔고, 제품만 개발되면 바로 출시할 수 있도록 모든 준비를 끝냈다. 그런데 연구소에서 개발한 제품의 맛이 이상했다. 수박 음료에서 멜론 맛이 나는 것 아닌가. 원인을 살펴보니 수박 본연에 가까운 맛을 낼 수 있는 인공 수박 향이 없어서였다.

모든 음료는 보존 기한을 늘이기 위해 100℃에서 고온 살균 처리를 한다. 그런데 이때 고온으로 인해 음료 특유의 맛과 향이 사라지게 된다. 그래서 바나나 맛을 내기 위해 바나나 향을, 딸기 맛을 내기 위해 딸기 향을 첨가하는 것이다. 한마디로 음료는 '향 산업'이라고 할 수 있다.

당시 한국에 향을 개발하는 업체가 존재하지 않아서 대부분 외국의 향을 수입해 판매하는 에이전시 형태였다. 그런데 서양 수박은 한국의 수박과 다른 형태를 가졌고, 이름 그대로 수박보다 멜론에 가까운 맛과 향을 지녔다. 따라서 멜론 향은 존재하지만 한국인이 즐기는 수박의 향은 없었던 것이다. 연구소에서 미국, 유럽, 일본 등 외국의 향 업체를 통해 우리가 원하는 향을 만들기 위해 최선을 다했지만, 이 또한 하루아침에 이루어질 수 있는 일이 아니었다. 끝내 우리가 익히 아는 수박 본연의 향을 얻을 수 없었다.

지금이라면 이 제품을 출시하지 않았을 것이다. 소비자의 기대를 만족시키지 못하는 제품은 시장에서 철저히 외면받는다는 사실을 누구보다 잘 알기 때문이다. 하지만 당시 가을대추의 성공으로 인한 자만심도 없지 않았고, 무엇보다 여름수박의 출시를 위한 모든 준비가 끝난 상태였기에 일단 출시를 강행했다.

그 결과 소비자들의 선택은 냉정했다. 야심 차게 준비한 여름수박은 말 그대로 향기처럼 사라지고 말았다. 소비자들에게 값비싼 경고를 받은 것이다. 다만 이때의 실수는 이후 더 큰 도전을 위한 좋은 도약이 되어 주었다. '소비자들의 기대 수준'이라는 아주 중요한 개념을 발견했기 때문이다.

더 큰 도전을 위한 도약

사람은 누구나 어떤 기대 수준을 가진다. 어린 시절 크리스마스 이브에 산타 할아버지의 선물을 기대하듯 어떤 일이 일어날 것을 예상하고 마음의 준비를 하는 것이다. 기대 수준은 자신의 직간접적인 경험에 기반하기 마련인데, 보통 경험해 본 적 없고 친숙하지 않은 대상을 두고 기대감보다 의구심이 먼저 떠오르게 된다.

예를 들어 쌀로 만든 음료는 소비자들에게 익숙하지 않았다. 지금까지 쌀로 만든 음료를 마셔 본 적도 없거니와 쌀이라고 하면 곧 밥이라는 개념이 강해서 음료 형태가 잘 상상되지 않기 때문이다. 그래서 고작해야 숭늉이나 쌀뜨물 정도일 것이라고 예상한다. 숭늉은 청량감을 주는 이미지가 아니다 보니 음료로서 썩 기대감을 갖기 어렵다. 이때 70점 정도의 기대감을 가지고 마셔 봤는데 만약 75점짜리 맛이 난다면 사람들은 생각보다 맛있다는 평가를 내리게 된다. 기대 수준보다 높은 맛이기 때문에 만족감을 느끼는 것이다.

그러나 수박은 다르다. 사람들은 수박의 시원함, 달콤한, 청량감 등을 떠올리며 수박이 음료화되면 정말 맛있겠다는 기대감을 갖는다. 90점 정도의 기대치를 가지고 마셔 본 수박 음료에서 생뚱맞게 멜론 맛이 느껴진다면 어떨까? 설령 쌀 음료보다 높은 80점짜리 맛이 나왔다 해도 만족도는 급격히 떨어질 것이다.

여름수박을 개발할 당시 개발자들의 노력을 옆에서 지켜보았고, 그 상황에서 할 수 있는 노력을 다했다고 생각한다. 완벽하지 않아도 '이 정도면 됐다'는 나름의 기준 하에 제품을 출시하기로 결정한 것이었다. 하지만 소비자들의 기대 심리를 충족시키지 못한 결과는 저조할 수밖에 없었다. 소비자들의 기대 심리는 절대 평가와는 또 다르다. 대신에 이를 역으로 생각하면 소비자의 기대 수준이 낮은 제품이 오히려 성공 확률이 높을 수 있다는 얘기도 된다.

이후 2005년쯤에 나는 주스류에서 벗어나 동양 차에 관심을 갖게 되었다. 개량종인 서양 과일은 육질이 좋고 수분이 많기 때문에 주스로 만들기에 적합하지만 구기자, 오미자, 매실 등의 동양 과일은 작고 야물게 생겼다. 수분이 없어 주스보다 다류(茶類)로 사용하기 좋은 과일이다.

이러한 관심에 이어 차와 열매가 익어 가는 마을이라는 뜻의 '다실로(茶實路)'라는 차 음료 통합 브랜드를 만들었다. 녹차, 홍차 등 잎 차로 대표되던 차에 대한 인식을 열매 차, 곡물 차, 뿌리 차까지 확대해 차 음료의 새로운 기준을 제시하겠다는 야심 찬 포부를 가진 브랜드였다. 그리고 현미 생초매실, 오미자, 유자차, 현미 녹차 등 4종의 차를 동시에 출시했다.

하지만 결과는 만족스럽지 못했다. 소비자들의 기대 수준을 뛰어넘지 못했던 탓이다. 주스가 아닌 차임에도 불구하고 초록매실, 아침햇살과 같은 주스 용기에 담겨 출시됐고, 무엇보다 차 고유의 특징을 살리지 못한 것이 가장 큰 실패의 원인이었다. 한마디로 주스류와 큰 차별성을 보이지 못한 것이다.

이 일련의 경험은 어느 책에서도 배울 수 없었던 값진 교훈을 주었다. 돈으로 살 수 없는 실패의 경험은 이후 또 다른 도약의 발판이 되었다. 성공에서 지식을 얻는다면 실패에서 지혜를 배울 수 있다. 그 누구도 미래를 정확하게 예측할 수 없다. 실패가 두려워 안주할 것인가, 설령 실패하더라도 실행할 것인가. 물론 정답은 모른다. 위험 부담이 클 때는 차라리 포기하

는 것이 현명할 수도 있고, 성공을 장담할 수 없지만 일단 부
딪쳐보는 게 뜻밖의 대박을 터트릴 수도 있다. 그럼에도 분명
한 건, 그게 쓰든 달든 실행하는 사람에게 열매가 주어진다는
점이다.

사람이 만드는
신명 나는 일터

좋은 직장의 필수 조건은 동기 부여

좋은 사람들과 일하는 건 모든 직장인에게 최고의 행운일 것이다. 동시에 경영자로서는 그 행운을 극대화하여 체감할 수 있도록 좋은 분위기 속에서 일할 수 있는 환경을 형성하는 것도 중요하다.

내가 은행에 근무하던 시절에는 노래방이 없었다. 그때는 회식을 하면 그 자리에서 젓가락 장단에 맞춰 부를 18번 노래 한곡 정도 각기 준비해 두는 게 일반적이었다. 이때 분위기를 띄울 사회자가 필요한데, 직장 회식은 물론 처음 만나는 사람들의 모임에서도 내가 사회자로 지목받을 때가 많았다. 군대 생활을 할 때는 장교 연말 파티에서 사병인 내가 사회를 보기도 했다.

나는 사회를 잘 보는 능력을 '엉치 찌르기'라고 정의한다. 통상 노래를 시키면 기다렸다는 듯이 한 곡조 뽑는 사람도 있지만 다음에 하겠다고 빼는 사람도 있기 마련이다. 하지만 내가 사회를 볼 때는 누구든 지명하는 순간 엉치를 찔린 듯 벌떡 일어나 잘하든 못하든 한 곡조 뽑아낸다. 물론 여기에는 나만의 비결이 있다.

한 명이 노래를 부르기 시작하면 그 3분가량의 시간 동안 다음으로 지명할 사람을 탐색한다. 그리고 여러 사람의 헤어스타일이나 넥타이, 옷 색깔 등 무엇이든 칭찬할 만한 부분을 찾는다. 서로를 잘 아는 사람들의 모임이라면 더 쉽다. 여러 사람의 장점과 칭찬을 한껏 늘어놓다 보면 각기 다음 순서가 자기였으면 좋겠다고 생각하게 된다. 그러다가 마지막에 누군가를 지명하면 깜짝 놀라며 벌떡 일어나게 된다. 물론 직원들의 순발력과 표현력도 뒤따라 줘야 하지만 모두가 참여할 수 있도록 사회를 잘 보는 나만의 작은 비법도 한 몫 한다.

회사를 경영할 때도 마찬가지다. 신바람 나는 직장 공동체를 지향하는 나로서 직원들이 출근했을 때부터 퇴근할 때까지 항상 즐겁게 일할 수 있는 환경을 만들려고 노력한다. 가장 중요한 건 중장기 비전을 만들고 공유해서 자신의 일에 자긍심과 성취감을 느낄 수 있도록 하는 것이다. 직원 모두가 함께 비전과 목표를 향해 나아가야 회사 입장에서도 좋지만 또 개개인의 만족감과 자아실현에도 도움이 된다.

때로는 뜻밖의 재미있는 이벤트로 분위기를 반전시키기도 한다. 그중 하나가 '땡땡이 데이'다. 초등학생 시절 어떤 사정으로 조퇴를 하게 되면 모두가 수업하는 도중 혼자 운동장을 가로질러 교문을 나가는 일이 더없이 설레고 기뻤던 기억이 있다. 이를 떠올려 회사에서도 퇴근 시간을 조금 당기는 날을 만들었다. 그리고 희망자에 한해 함께 영화나 연극 등을 보러 가고, 끝나면 호프집에서 가벼운 맥주 파티를 열기도 한다. 내가 CEO로 있던 회사에서는 어김없이 실행했던 이벤트였고 모두들 즐거워했다.

주간 아침 조회 시간에는 서로 지명하면서 칭찬 릴레이를 하기도 하고, 직급과 성별을 막론하고 희망하는 사람과 점심을 함께하는 밥상 릴레이도 있었다. 물론 점심 값을 지원해 주고 지명을 이어 가는데, 석 달 동안 한 번도 지명받지 못한 사람은 사장과 함께 자장면을 먹는다.

신명 나는 일터 분위기를 만드는 것과 함께 실적 향상을 위한 프로모션도 다양하게 기획했다. 같은 자원을 바탕으로 최대의 효과를 낼 수 있다면 개인과 조직에게도 즐거운 일이다. 일률적으로 지급하던 목표 달성 인센티브 대신 전체 매출액의 일정 비율을 떼어 두고 목표 달성자에게 실적에 따라 지분을 나누어 지급하는 총액 할당제와 같은 제도는 큰 효과와 반응을 얻었다. 또 경영자는 제품력과 영업력의 불균형을 조정하는 역할이 매우 중요하다. 제품력이 좋은 조직은 영업 여력이 줄어들 수 있는데 이때는 영업력을 보강해야 하고, 영업 여력이 생길 때는 제품을 보강해야 한다. 끊임없는 제로섬 게임이자 시소 게임인 셈이다.

　강력한 동기 부여 프로그램 중의 하나로 아침햇살을 출시하면서 음료 업계 사상 최초로 도입한 제품 실명제가 있었다. 제품 디자인에 기획자와 개발 생산 디자인을 담당했던 실무자들의 이름을 포장에 명기하는 것이다. 품질에 자신감을 표명하는 동시에 각기 책임을 다하겠다는 의지를 표현한 것이다. 이후 농산물은 물론 의류 업계 등 다양한 업종에서도 제품 실명제가 도입되었다.

　직장에서의 동기 부여는 단순히 성과를 올리기 위해서가 아니라 함께 즐겁게 성장하는 조직 문화를 만들기 위한 첫걸음이기도 하다. 그 일을 하는 시간과 공간이 고통스러운 것이 아니라 신바람이 나야 한다. 그것이 궁극적으로 개인의 성장과 조직의 비전까지 이어질 수 있는 힘이 된다.

결국 사람을 이롭게 하는 일

아마 많은 비즈니스가 그렇겠지만 일을 하면서 가장 큰 보람을 느끼는 건 고객의 목소리를 들을 때다. 아침햇살을 출시하고 시간이 좀 지났을 무렵, 인천의 어느 주부로부터 엽서 한장을 받았다.

편지는 자신의 어머니가 오랫동안 지병으로 고생하시다가 얼마 전에 돌아가셨다는 이야기로 시작했다. 돌아가시기 한 달 전부터 숟가락을 놓으셨는데 뭐라도 드셨으면 해서 이것저것 권했지만 모두 마다하셨다는 것이다. 그런데 혹시나 하는 마음으로 아침햇살을 숟가락에 떠서 입에 넣어 드리니 그것만은 잘 드셨다고 했다. 어머님이 생전에 드신 마지막 양식이라서 산소를 갈 때도 술 대신 아침햇살을 들고 가신단다. 그러니 아침햇살이 사라지지 않고 오래가는 음료가 되게 해 달라는 내용이었다. 이후에도 비슷한 사연의 편지나 엽서를 몇 장 더 받았다. 병원에서 금식을 하는 환자들에게 일부 허용해 주는 음료라는 내용도 있었다.

또 대전에 있는 고등학교 2학년 학생이 보내 준 엽서도 기억에 남는다. 이 학생은 학교에서 '역할 모델에게 엽서 쓰기' 활동에 나를 선정했다고 한다. 내 인터뷰 중에서 하늘보리 등의 신제품을 개발할 때 주변의 반대를 무릅쓰고 설득하여 추진한 점이 인상적이었다는 것이다. 검은색 음료는 안 팔린다는 속설을 깨고 블랙보리를 보란 듯이 성공시켰다는 점도 언급되었다. 고정 관념과 세상의 틀의 깨고 소신껏 밀고 나가는 점이 어린 학생의 눈에 좋게 보였던 모양이다. 앞으로도 좋은 상품을 많이 만들어 달라며 꾹꾹 눌러 쓴 학생의 엽서에 감동을 받아 답장도 해 주었다.

결국 내가 하는 일도 사람을 이롭게 하기 위해서 하는 일이다. 그 과정에서 사람의 응원과 진심만큼 큰 동기 부여가 있을까? 사람을 소홀히 하는 성공은 어쩌다 가능할지 몰라도 결코 지속될 수 없다고 생각한다. 성공 가능성을 높이는 힘은 사람에게 있고, 또 성공의 기쁨을 누리는 일도 주변의 좋은 사람들이 없다면 의미 없는 순간에 불과하다. 이런 조그만 감동은 아무리 큰 어려움도 헤쳐나갈 수 있게 만드는 강력한 힘이다.

6장

기회를 붙잡을 것

하늘에 닿는 꿈,
땅에 닿는 발

소중히 키운 꿈

어떤 모임에서 나를 소개할 때면 항상 '운 좋은 사람'이라고 말한다. 구름 운(雲)에 넓을 호(浩) 대신 운수 운(運)과 좋을 호(好)를 쓴다고 말이다. 상대가 기억하기 좋게 하려는 이유도 있지만 실제로 나는 운이 좋은 사람이다.

장남으로 태어나 가족과 친지들의 사랑을 한 몸에 받고 자랐다. 시골 동네 어르신들도 나를 만나면 누구 아들 운호라며 알아보고 반갑게 인사를 해 주셨다. 우리 어머니가 나를 키우면서 가장 기뻤던 순간은 초등학교 1학년 때 담임 선생님이 주신 손 편지를 받았을 때라고 한다. 편지에는 "운호 어머니, 기뻐하십시오. 운호가 우리 반 반장이 되었습니다"라는 글이

적혀 있었다. 시골에서 도시로 온 지 얼마 되지 않아 학교에서 당당히 반장이 되었다는 건 모두에게 고무적인 사건이었다. 운 좋게 선생님과 친구들에게 좋은 이미지를 심어 주었던 듯하다.

사춘기는 '중2병'이라는 말이 있을 정도로 어디로 튈지 모르는 질풍노도의 시기다. 하지만 나의 중학교 2학년은 또래보다 조금 일찍 어른이 되어야 했던 시기였다. 당시 아버지가 교통사고로 돌아가시고 3남 1녀의 장남인 나는 가장 아닌 가장이 되었다. 어머니는 살림만 해 오시던 분이라 11살 터울의 4남매를 키울 걱정이 앞서셨는지 나를 불러 앉혀서 동생들을 같이 키워야겠다고 하셨다. 내가 어떻게 해야 할지 물으니 실업계 고등학교에 진학하여 빨리 취업을 했으면 한다고 말씀하셨다. 나는 그렇게 하겠다고 대답하고 부산상고로 진학했다.

일찍부터 어머니와 동생들 앞에서 더 의젓한 장남이 되어야 했고 책임감도 무거웠지만, 덕분에 돈 주고도 못 배울 리더십 소양이 저절로 길러진 청소년기를 보냈다. 제사나 차례, 집안 행사를 준비하고 주관하는 것도 내 몫이었다. 귀찮은 일로 여길 수도 있겠지만 어떤 행사를 직접 주관해 보는 것은 어릴 때 쉽게 하기 힘든 경험이자 리더십 강화에 좋은 훈련 방법이기도 하다. 이는 내가 장남으로 태어나 운 좋게 경험할 수 있었던 특권이었다고 생각한다.

중학교 2학년 무렵 내 마음속에 간직하던 국어 선생님의 말씀이 있다. "꿈은 하늘을 찔러라, 발은 땅에 둔 채로." 선생님의 성함은 기억나지 않지만, 수업 중 말씀하신 그 문장은 15살 중학생의 마음을 묵직하게 뒤흔들었다. 주변을 둘러싼 상황이 쉽지 않았지만 나는 현실에서 해야 하는 일들을 차곡차곡 해 나가면서 하늘 높은 줄 모르는 꿈을 소중히 키웠다.

두 마리 토끼를 잡기 위한 노력

가정 형편상 이른 취업을 위해 상고에 입학했지만 대학 진학에도 뜻이 있었다. 부산상고는 진학반도 운영해서 전교생의 진학률과 취업률이 거의 95% 이상 되는 명문고였다. 나처럼 가정 형편이 어렵지만 나름대로 공부 좀 한다는 학생들도 전국에서 모였다. 지금은 개성고등학교라는 이름의 인문고등학교로 바뀌어 128년의 전통을 자랑하며, 졸업생들도 학교에 자부심과 긍지를 가지고 있다.

고등학교 2학년이 되었을 때 나와 가깝게 지내던 친구 6명 중에서 나를 제외한 5명이 모두 대학 진학을 결정했다. 갑자기 집안 형편이 좋아졌는지, 부럽기도 하고 샘이 나기도 했다. 나도 대학에 가고 싶은데 어떻게 해야 할지 고민하다가 고등학교 1학년 때 담임 선생님을 찾아갔다. 선생님은 내 얘기를 들고 진로 상담의 멘토로서 중요한 조언을 해 주셨다. "두 가지 다 해라." 어떻게 두 가지를 다 할 수 있느냐고 반문하니 은행에 취업은 하되 야간 대학에 진학하라고 하셨다. "두 마리 토끼를 다 잡으려면 두 배로 열심히 공부해야 한다"는 당부까지 해 주셨다. 그건 당연한 나의 몫이라고 생각하며 크게 감사드리고 주경야독의 꿈을 세웠다.

그 후로 1년간 누구보다 열심히 공부했다고 자부한다. 하루에 얼마나 오랫동안 책상에 앉아 있을 수 있는지 시간을 재 보니 평균 14시간 정도 가능했다. 새벽에 일어나 학교 가는 첫 버스를 타고 가서 학교 도서관의 불이 꺼질 때까지 공부를 했다. 소풍을 다녀온 날도, 시험이 끝난 날도 도서관에 갔다. 그야말로 엉덩이로 공부한다는 말이 실감 나던 시절이다. 어느 날에는 아침에 세수를 하는데 소주잔 한 잔 정도의 코피가 쏟아지기도 했다. 전날 열심히 공부한 징표라고 생각하고 즐기면서, 코피가 안 나오는 날엔 오히려 더 전력을 다했다. 매일 밤 일기장에 열심히 하자는 각오의 글을 적고 빨간 줄을 그으며 하루를 마감하곤 했다.

청소년기에 나의 가치관을 형성해 준 데에는 독서도 큰 역할을 했는데, 마침 이웃에 독서광인 형들이 살고 있어 내게 여러 권의 책을 추천해 줬다. 나 자신의 존재 가치를 생각하게 해 준 헤르만 헤세의 《데미안》에 이어 사회 속의 관계를 인식하게 해 준 알베르 카뮈의 《이방인》, 그리고 세상 속에서 살아가는 지혜를 알게 해 준 앙투안 드 생텍쥐페리의 《어린 왕자》 등은 내 삶에 깊게 각인되었다. 《어린 왕자》에 나오는 문장은 후일 가을대추의 광고 카피로 인용했을 정도다.

우연히 접하게 된 책 한 권이 평생의 인생 좌표가 되기도 하는데, 나에게는 고등학교 3학년 때 읽은 《꽃들에게 희망을》이 그중 하나였다. 이 책은 애벌레가 나비로 탈바꿈하는 과정을 그린 어른 동화다.

풍족한 먹이가 있는 나무를 떠나 세상 구경을 하던 노란 애벌레는 하늘로 치솟는 거대한 기둥을 발견한다. 호기심에 가까이 가 보니 자기와 같은 애벌레들이 얽히고설켜 만들어 낸 기둥이었다. 모두 하늘 저 높이에 멋진 세계가 있을 거라고 생각하며 위를 향하고 있었던 것이다. 노란 애벌레는 함께 기둥을 오르기 시작하지만 다른 애벌레의 머리를 밟고 오르는 과정에 회의를 느껴 기둥에서 내려오게 된다. 대신 노란 애벌레는 땀을 뻘뻘 흘리며 고치를 짓는 나이 많은 애벌레를 만나고, 자신도 나비가 되기 위해 그 일에 동참한다. 마침내 한 마리 나비가 되어 날아오른 노란 애벌레는 이전의 기둥을 찾아가지만 그 꼭대기에는 아무것도 없다.

《꽃들에게 희망을》은 애벌레가 나비가 되는 과정에서 자신의 존재 가치를 발견하는 이야기다. 애벌레들이 만든 기둥은 많은 사람이 좇는 권력이나 명예, 돈일 수도 있다. 서로 짓밟으며 오르고 또 오르지만 막상 꼭대기에서 공허함을 느끼는 것이다. 세상 사람들이 추구하는 가치에 휩쓸려 따라가기보다 진정한 자신의 역할을 찾는 일이 더 중요하다는 깨달음을 준다. 많은 사람이 성공을 꿈꾸며 그 방법을 찾는다. 그러나 꿈과 희망을 크게 가지되 자신의 가치관을 정립하는 것이 더욱 중요하다. 세상을 이롭게 하는 나의 역할을 찾아야 한다는 교훈은 지금에 이르기까지 나를 이끌어 주고 있다.

드디어 고등학교 졸업식 날, 나는 제일은행에 특채로 합격하는 동시에 당시 야간 대학이 있던 부산산업대학교(현 경성대학교)에 당당히 입학하게 됐다. 살면서 고비를 이겨 낼 수 있었던 힘과 집중력이 그 시절에 쌓인 것이라는 생각도 든다. 선생님 말씀처럼 두 마리 토끼를 다 잡기 위해 남들보다 두 배의 노력을 해야 했다. 그러나 각고의 노력 끝에 평생 힘이 되는 내공을 키웠을 뿐 아니라, 일찍 사회 경력을 쌓기 시작할 수 있었던 것도 내게는 운 좋은 성과였다.

나의 역할과 가치관을
만들어 준 길

30여 년을 버티게 한 인문학의 힘

나는 매년 새해가 되면 지금으로부터 10년 후의 삶을 설계하며 이를 갱신하곤 했다. 그런데 군 제대를 하고 한두 해 지나면서 갑자기 내가 제대로 살고 있는지 의구심이 떠올랐다. 나름대로 열심히 살았지만 이를 검증할 방법이 떠오르지 않았다. 그러던 차에 친구가 자신이 있는 모임에 들어오기를 청했다. 의사와 약사, 교사 들이 주 회원으로 있는데, 대안 교육과 의료에 관심 있는 사람들이 향후 생활 공동체를 설계하기 위한 공부 모임이라고 했다. 나랑은 크게 관련이 없다고 생각했으나 귀가 쫑긋해지는 말이 있었다. 입회하기 위해 1년간 역사와 철학 등의 인문학 공부를 하고 시험에 통과해야 한다는 것이었다.

입회가 목적이라기보다 역사와 철학 등의 인문학을 공부한다는 부분에 관심이 갔다. 내가 제대로 된 방향으로 나아가고 있는지 표지판을 찾지 못해 방황 중이었는데, 고대에서 현대에 이르는 긴 역사와 역사 속 철학자들을 만나다 보면 무언가 해답이 나타날 듯했다. 직장과 대학을 병행하는 중이었는데 거기에 인문학 공부 모임을 추가하니 눈코 뜰 새가 없었다. 1년이 지나 시험을 치르고 회원으로 가입은 되었지만, 내가 제대로 살고 있는지 알기 위해선 결국 스스로 찾아 나서야 한다는 결론에 다다랐다.

그러다 몇 년 전 군 복무 당시 적었던 산문을 엮은 '스물 네 번째 겨울'이라는 수상록이 떠올랐다. 직접 표지와 삽화를 그리고 타이핑하여 제본한 비매품이지만 사실상 나의 첫 번째 책이었다. 친구들에게 나누어 주고 지금의 아내에게 보여 주어 결혼까지 했으니 제 몫은 제대로 해 준 책이기도 하다. 인문 공부를 하기 전에 적었던 글을 공부가 끝나고 다시 읽어 보면 어떨까 하는 마음에 그 책을 펼쳐 봤다. 어느 정도 읽다가 깜짝 놀랐다. 어설프고 거친 글이었지만, 역사 속 위인이나 수많은 철학자의 생각과 크게 다르지 않다고 느꼈기 때문이다. 사람이 살면서 나름의 사상과 철학을 갖기 마련이지만 그 방향성이 어느 정도는 일맥상통하는 것이 아닐까.

수상록을 덮고 내가 나름 잘 살고 있다는 생각이 들었다. 그 이후로 나는 조금 달라졌다. 은행에 다니면서 한편으로 가지 못한 길을 생각하며 아쉬움을 가졌는데, 주어진 일에 보람을 갖되 다른 이를 이롭게 할 만한 일을 새로 찾아보기로 했다. 막연히 경제 분야의 자격증을 평생 다 따겠다고 생각했던 목표보다 이타적인 가치관을 갖게 된 것이다.

새로 가입한 모임에서 내가 맡을 만한 역할을 찾아보았다. 교육과 의료 쪽은 내 분야가 아니니 우리 전통문화를 배워서 전파해 보자는 생각이 들었다. 이후에 장구를 배워 은행에서 풍물패를 만들고, 직원들 대상의 사내 문예지 편집장도 맡는 등 내 일터에서 할 수 있는 문화 활동을 여럿 시도했다. 삶의 가치와 의미가 달라지니 새로운 재미가 덤으로 따라왔다.

최근 경영자들 사이에서 인문학 열풍이 분 지 꽤 되었다. 국민 소득이 올라가고 선진국 반열에 들기 위해서 경영자들의 인문학 무장도 필수라고 생각한다. 성장 중심의 사고와 선진국의 문물과 문명을 그대로 수용하는 것만으로도 어느 정도 성장은 가능할지 모른다. 하지만 어떤 궤도에 오르기 위해 독창적이고 차별화된 창의성이 필요하다. 이 시대를 대변할 수 있는 우리만의 것을 발굴하고 만들어 가야 한다는 것이다. 최근 거세게 이는 한류의 힘도 여기에서 온다고 본다. 나는 20대 중반에 인문학을 공부할 기회가 있었고, 그때 다져 놓은 인문학의 힘으로 지금까지 30여 년을 잘 버틸 수 있었다.

최고 책임자의 역할

　만 36세의 나이에 기업의 대표이사를 맡게 되니 주변에서 걱정하는 이가 많았다. 그도 그럴 것이 대리, 과장, 차장, 부장의 순차적인 승진을 거치지 않고 모두 특별 승진으로 올라왔으니 회사 내 임원들이 대부분 나보다 나이가 많았다. 하지만 모 인터뷰에서 같은 질문을 했을 때 나는 당당하게 대답했다. 조직은 시스템이기에 신입 사원은 신입 사원답고 사장은 사장답다면 그걸로 충분하다고 말이다. 나는 사장답게 조직을 이끌 자신이 있었다.

　워낙 대표이사의 자리가 자주 교체되었기에 회장님도 염려가 컸는지 거의 매일 사장실로 내려오셨다. 간부 회의를 진행할 때면 어련히 회장님의 자리로 여겨 상석을 비워 두었다. 회장님은 회의에 참석하여 자연스럽게 그 자리에 앉아 간부들에게 이런저런 질문을 했다. 하지만 대표이사에 취임하고 첫 회의를 주관할 때는 내가 바로 그 상석에 앉았다. 그 자리는 대표이사인 내 자리이고, 내가 책임지고 이끌어 가겠다는 의지의 표현이었다. 회장님이 회의에 들어와도 자리를 비켜 주지 않고 말씀을 나누고 보내 드렸다. 회장님은 오히려 내심 좋아하시는 눈치였다. 이후 회의 시간에 가급적 참석하지 않고 사장실에 따로 오셔서 궁금한 것을 물어보셨다.

한 기업의 최고 책임자가 된다는 것은 책임이 무거운 일이지만 한편으로 큰 행운이자 축복이다. 조직의 존재 의미와 가치를 끊임없이 생각해야 하는 역할이기에 그것을 실현했을 때 따라오는 보람도 크다. 우선 기업의 책임자는 미래 비전을 명확히 제시해야 한다. 그리고 조직원 개개인의 개성과 특성을 살려 공통의 목표를 달성하게 만드는 동기 부여자로서의 역할이 있다. 또 소비자의 잠재 욕구를 채워 줄 수 있는 상품과 서비스를 지속적으로 제공해야 하는 기업의 존재 가치를 실현시켜야 한다. 좋은 상품과 서비스로 세상을 이롭게 만들고자 하는 기업 공동체의 책임을 맡는 셈이다.

책임자가 가져야 하는 역할의 실마리를 잡는 데에는 군 경험도 큰 도움이 되었다. 군 입대를 앞두었을 때 나는 고등학교 선배이자 은행 선배인 김반석 명장님을 찾아갔다. 지금은 한국 예술·문화 글·그림 부문의 명장이신 분이다. 입대 인사를 드리니 "멋진 조 병장이 되어 나오라"는 덕담을 해 주셨다. 군대 생활을 잘하라는 말씀으로 듣고 입대를 하였으나, 병장이 된 후에야 그 말뜻이 제대로 와닿았다.

누구나 사병으로 군대를 가고 큰 사고만 치지 않으면 병장으로 제대하게 된다. 그렇다고 누구나 '멋진 병장'이 되는 것은 아니다. 돌이켜 생각해 보면 신병 때나 일병, 상병을 거치는 동안 제 역할을 다했을 때 비로소 병장다운 병장이 될 수 있었다. 졸병 때 제 역할을 하지도 못하고서 병장이라고 대접을 받으려고 한들 아무도 인정해 주지 않는다. 같은 부대에서 서로가 어떻게 생활하는지 모두 지켜보았기 때문이다.

나는 논산이 아닌 102 보충대 소속으로 강원도 양구에 소재한 백두산 부대 자대 훈련소에서 군 생활을 시작했다. 휴학을 하자마자 일주일 만에 신체검사를 마치고 당일 영장을 받았다. 보통 몇 개월의 여유가 있는데 나는 일주일 후에 바로 입대했다. 하루 전날 머리를 자르고 '나는 이제 군인이다'라는 다짐을 했다. 첫눈 내리는 10월 중순에 도착한 훈련소는 너무 깊은 산속에 있었다. 수도관이 들어오지 못해서 주변 개울물을 퍼다 밥을 짓고 몸을 씻었다. 날도 춥고 훈련도 어려웠지만 가장 참기 힘든 것은 비인간적인 조교와 엄한 부대의 군기였다. 탈영병이 생길 정도의 힘든 생활이었지만 나는 이를 버티고 사단장 표창을 받게 되었다.

내가 가야 하는 방향성을 생각하며 훈련 기간을 무사히 마칠 수 있었다. 나중에는 자갈밭에 머리를 박고도 가랑이 사이로 보이는 산 중턱 소나무가 8주간 얼마나 자랐나 보는 여유까지 생겼다.

마음을 편히 먹으니 신기하게도 운이 따라왔다. 자대 훈련병들은 대부분 최전방 부대에 배체되는데, 나는 사단장 표창을 받은 뒤에 TO도 안 생기던 사단 사령부 경리 참모부에 차출되었다. 이미 표창장을 수령받기 전이었지만 배치는 결정됐으니 다른 훈련병의 부대 배치를 돕고자 표창장을 양보했다.

그렇게 나름 '멋진 병장'으로 만기 전역한 후 부산에 있는 은행에 복직하여 야간 대학을 무사히 마치게 됐다. 타이밍 좋게 대학 졸업을 한 해에 울산 지점으로 발령이 나서, 그곳에서 지금의 아내를 알게 된 지 2개월 만에 결혼식을 올렸다.

내가 믿는 길을 향해 나아가기 위해 치열하게 고민했던 시간이었다. 그 시간보다 중요했던 것은 무엇보다 뜻밖의 행운과 좋은 인연이 나를 지금의 여기까지 이끌어 주었다는 사실이다. 결혼 후 1년 만에 은행을 그만두고 웅진으로 옮긴다고 했을 때 모두가 반대했으나, 유일한 지지자였던 아내를 만난 것도 내 인생에서 무엇보다 큰 행운이다.

도전하는 리더로서
살기 위한 여정

인생의 4모작을 위한 매듭짓기

사회 공동체 속에서 리더를 꿈꾼다면 필연적으로 주도적인 삶을 살아야 한다. 미래를 바라보는 통찰력을 바탕으로 변화를 향한 두려움 없이 늘 새로움에 도전하는 청년 정신을 갖춘다면 어디에서도 인정받는 리더가 될 수 있을 것이다. 성공과 행복은 인생의 최종 목적지에 도달하여 얻는 것이 아니라 그곳을 향해 가는 즐거운 여행 그 자체라고 믿는다.

삶의 중요한 시점을 네 가지 정해 '매듭짓기'를 하려고 한다. 이 매듭짓기는 세상 속에서 나를 나답게 살 수 있도록 하는 나침반이 되어 주기도 한다.

인생 제1막은 부모님의 보호 속에서 나와 독립된 개체로서 세상에 어떻게 자리매김할 것인지 결정하는 중요한 시기다. 자신이 꿈꾸는 미래를 설계하고 가치관이나 세계관을 함께 정립하는 시점이라고 할 수 있다. 인생 제2막인 20~30대는 꿈을 향해 나아가는 황금기라고 생각한다. 각자의 분야에서 열정과 호기심을 가지고 치열하게 부딪치며 주도적인 삶을 살아간다면 나름의 성취를 반드시 이룰 수 있다. 나는 제1막과 제2막의 매듭을 짓는 시점마다 그동안 내 모습을 돌아보며 새로운 10년 단위의 계획을 세웠다. 인생 제3막을 준비하며 가지 않은 길과 새로운 기회를 위해 다시금 정립하는 시간을 갖기로 했다. 좀 더 큰 세상에 나가 나 자신을 반추해 보고 새로운 비상을 꿈꿔 보기로 한 것이다. 그때 다니던 회사를 나와 4개월간 나만의 세계 일주에 나섰다. 세계 속의 나를 바라보는 시간의 콘셉트는 '무문청감(無門淸監)'으로 정했다. 매듭지은 40년의 생활 속에 행여 가졌을지 모르는 나만의 고정 관념과 선입견의 창(窓)을 없애고 깨끗한 마음으로 세상을 보고 오자는 의미였다.

더불어 나의 운 좋은 성취가 자칫 자만심과 오만으로 빠지게 되는 일도 경계하고 싶었다. 리더가 오만해지면 주변의 충고와 비판을 무시하게 되고 무모한 의사 결정을 하게 될 수도 있다. 남다른 성공이나 일정한 권력을 부여받은 리더로서 초연할 수만은 없다고 한들, 성공이 개인이나 집단의 우월한 능력이 아니라 우연한 행운과 상황에 따른 결과가 아닌지도 돌아

볼 필요가 있다. 지나친 낙관과 자만은 물론이고 규범을 무시하는 오만도 자기 중심적 사고와 공감 능력의 저하를 가져온다는 점을 간과해서 안 된다. 리더 경험이 있는 전문가들은 자기 주관에 강한 의지를 갖되 겸손을 겸비해야 한다고 한 목소리를 낸다.

포브스코리아에서 개최한 '오만 포럼'에서 오만이 권력과 명예와 재력을 가진 자만의 전유물이 아니라는 이야기를 했다. 겸손과 미덕을 갖춘 사람도 오만에 빠질 수 있다고 한다. 나도 모르는 사이에 조금씩 변하는 골프 스윙처럼 때로 수시로 점검하고 고쳐 나가야 하는 일이다. 나도 인생 제3막을 앞두고 초심으로 돌아가 말 그대로 인생을 다시 시작하는 마음으로 세상을 깨끗하게 바라보고 싶었다.

4개월간 나만의 세계 일주

인생 제3막은 4개월간 세계 일주를 하며 더 넓은 세상 속에 던져진 나를 바라보는 시간으로 채웠다. 당시 첫 여행지였던 뉴욕은 여러 자극을 많이 받을 수 있는 곳이었다. 우선 인류 역사를 살펴야겠다는 생각으로 뉴욕에 도착하자마자 들린 곳은 자연사 박물관이었다. 돔으로 만들어진 스크린에 누워

'PASSPORT TO THE UNIVERSE'라는 제목의 영상물을 관람했다. 우주를 여행할 수 있는 여권을 주겠다는 멋진 환영 영상이었다.

뉴욕에 머무는 동안 브로드웨이에서 펼쳐지는 20편의 뮤지컬과 오페라를 관람했다. 평균 공연 기간이 5년이고 길게는 20년간 장기 공연하는 작품도 있었다. 그런데도 거의 매번 매진되는 것을 보고 놀랐다. 새로운 문화 창조물로 문화 체험을 즐기고, 무질서 가운데 질서를 엿볼 수 있는 다양성이 내가 받은 도시 맨해튼의 신선한 자극이었다.

다음으로 가장 역사가 오래된 도시가 있는 이탈리아로 향했다. 수천 년 역사의 흔적과 더불어 통일 이탈리아 공화국을 만든 주세페 마치니라는 지도자의 통찰력과 용기를 보았다. 몰락한 로마 제국의 새로운 탄생인 이탈리아 민족의 힘과 기질을, 환경과 상황을 극복한 용기 있는 지도자의 모습을 가슴에 새겼다. 이탈리아에서 뉴욕으로 다시 돌아왔지만 마음이 충만하지 않았다.

나는 마음 속 어딘가 부족한 것을 채우기 위해 캐나다 서부 록키 산맥을 향했다. 해발 2,000m 이상의 산으로 이어지는 대자연의 위용 앞에서 수천 년의 역사를 품은 로마의 모습도, 현대판의 뉴욕 맨해튼도 모두 작게만 느껴졌다. 그렇게 자연의 위대함과 세계 최고의 다양성, 인류 최고의 오랜 전통과 문화를 내 영혼에도 새겨 넣었다. 새로운 세계 속의 나를 꿈꾸고 또 다른 변화와 도전을 시작할 수 있는 힘을 채울 수 있는 시간이었다.

4개월간의 일정을 마치고 돌아오는 날, 숙소 근처 링컨 센터에 들러 발레 공연을 보았다. 공교롭게 뉴욕 시립 발레단의 공연은 죽지 않는 불새였다. 돌아오는 서울행 장거리 비행기에서 읽을 요으로 뽑아 든 책은 니체의 《짜라투스트라는 이렇게 말했다》였다. 그리고 니체의 글에서 나는 내 인생 제3막을 관통할 중요한 메시지를 발견했다.

"나는 일찍부터 걷는 법을 배웠다. 그 후로는 항상 뛰면서 살았다. 나는 법을 배우고 난 후로는 그 누구에게도 떠밀리는 일을 당하지 않았다."

Between jobs

CEO급 역할을 25년째 맡고 보니 이제 내 직업은 사장이 되었다. 계약 기간이 끝나면 의례 새로운 계약처를 찾을 때까지 시간적 여유가 생긴다. 소위 'Between jobs' 기간이다.

이 기간에 가장 중요한 것은 '자기 루틴'을 가지는 것이다.

오랫동안 해 오던 일을 갑자기 멈추게 되면 자칫 나태해지기도 쉽고 상실감에 빠질 수도 있다. 어느 정도의 상실감은 불가피 하겠지만 삶의 다음 과정을 위해서는 가장 경계해야 할 부분이다. 퇴직 후 일정 기간은 여행도 다니고 만나고 싶은 사람을 만나기도 할 것이다. 하지만 평소 부족한 부분을 보충하고 재충전 할 수 있는 계획을 잘 짜고 실천한다면 오히려 자신의 삶을 더 윤택하게 만들 수 있는 과정이 될 수 있을 것이다.

나의 경우 일과나 한 주간 혹은 한 달 단위의 자기 루틴을 만들고자 노력한다. 언제든지 일을 부담 없이 시작할 수 있도록 아침 일정을 소중히 여긴다. 주로 새벽반 외국어 학원 등록을 해 평소 부족한 외국어 회화를 수강한다. 오후 시간에는 평소 하고 싶었던 캘리그라피와 어반스케치를 배운다. 최근에는 화실에 나가 수채화를 그리는 연습에 몰두하는 중이다.

돌이켜보니 사회생활을 시작한 지 42년이 지났다. 그동안 4번의 이직을 하였으니, 한 곳에서 평균 10년 정도의 경력을 가진 셈이다. 이제 다섯 번째로 새롭게 일할 곳을 찾는 중이다. 주로 은행권에 근무하여 첫 직장에서 정년을 맞이하는 친구들이 많다. 나도 첫 직장이 은행이었지만 약 10년을 근무하고 나서 일반 기업체로 옮긴 흔치 않은 경우에 해당한다. 각기 장단점이 있겠지만 변화가 많은 시대에 동종·이종 업종에서 골고루 일하는 것도 나쁘지 않다는 것이 나의 생각이다. 사실 전

직을 할 때마다 한 뼘씩 성장하였다는 생각이 든다.

나의 삶 속 핵심 역량은 집중력과 창의력이라고 생각한다. 자기 루틴 실천은 탄탄한 일상을 구축해 주기 때문에 집중력을 높일 수 있다. 또 생활 중에 문화·예술을 가까이 하는 것은 집중력 강화는 물론 창의적 감각을 잃지 않는 데 도움을 준다. 따라서 구직 기간 중 나의 핵심 역량을 보강하기 위한 노력인 셈이다. 기본 루틴 하에 여행과 지인 만남의 자리 등이 채워지기 때문에 큰 무리 없는 일정이 만들어진다.

백세시대를 생각하며 자신을 설계해야 한다. 단순히 생계형 직업을 구해야 하는 이도 있겠지만 인생 이모작, 이기작을 고려해야 한다는 것이다. 한 해 동안 한 곳에서 종류가 다른 작물을 두 번 심어 거두는 이모작(二毛作)도 있지만 같은 땅에서 같은 작물을 두 번 심어 거두는 이기작(二期作)도 있다. 인생이라는 터에 각자에 걸맞은 농사를 설계해야 한다. 인생이 짧다면 짧지만 길다면 꽤 긴 여정이다. 좋은 씨를 골라 뿌리고 정성껏 가꾸어서 서두르지 않고 천천히 수확을 기다리는 농부의 마음을 가져야 할 것이다.

기회라는 영어 단어 'Opportunity'의 어원은 라틴어로 접두사 '~로 향해(toward)'와 '항구(port)'의 결합어다. 기회라는 것은 '출항하여 만선을 한 배가 항구에 들어오기 전에 밀물 때를 기다리는 상황'이라는 것이다. 기회는 갑자기 찾아오는 행운이

아니라 각자 최선의 노력을 다한 후 좋은 때를 기다리는 것이
라는 의미다.

인생의 터닝 포인트를
만들어 준 인연들

네 가지 화두 - 긍표 스님

인생에서 크고 작은 돌부리를 만날 때마다 나를 붙잡아 주신 고마운 분들이 있다. 그분들과의 인연은 나의 시야를 넓히고 인생의 터닝 포인트가 되어 주었다.

한 번은 지인의 소개로 성남시의 이름 없는 산속 작은 암자에 머물고 계신 긍표 스님을 찾아간 적이 있다. 현란하던 봄의 전령이 물러가고 초여름의 문턱에서 신록이 푸르던 날이었다. 암자에 들어 인사를 드리고 대면하여 앉았다. 스님은 아무 말씀 없이 다탁에 더운 물을 부어 보이차를 권하셨다. 차가 몇 순배 돌고 나서 스님께서는 "여기는 왜 오셨느냐?"라고 물으셨다. 잠시 망설인 끝에 "저를 낮추는 법을 배우고 싶어 왔습니다"라고 답했다.

그 말이 떨어지기 무섭게 스님은 "네가 뭐가 높다고 낮추려 드느냐!" 하고 호통을 치셨다. 울컥할 새도 없이 고개를 떨구고 할 말을 잃었다. 무심히 앞에 있는 찻잔을 들어 차를 마시는데 스님이 뒤에 있는 법당 문을 크게 여셨다. 앉은 자세이기도 했지만 높은 법당 문이 열리자 먼 곳에 있는 산과 나무가 눈에 들어왔다. 다시 말문을 열어 "스님, 법당 문이 크니 세상도 크게 보입니다"라고 말했다. 스님은 이번에도 말이 끝나자마자 "네 마음의 창마저 깨 버리면 더 큰 세상을 볼 수 있을 것이다"라고 하셨다. 목구멍에 숨이 턱하고 걸리면서 다시 할 말을 잃었다. 현란한 손동작이 찻잔과 다관을 몇 번 오가며 다탁에 찻물 떨어지는 소리만 들렸다. 스님은 "진짜 왜 오셨소?"라고 운을 떼셨다. 마지막 질문처럼 느껴져 곰곰이 생각하다가 마음에 있는 말을 정리해 올렸다. "그동안 남의 일만 했었는데, 이제 제 일을 해 볼까 합니다." 이번에도 대뜸 불호령이 떨어졌다. "애당초 네 것이 어디 있는가. 사심을 버리면 더 큰 일도 할 수 있을 것이오."

이날 스님과 나눈 대화에서 세 가지 화두가 있다. 첫 번째는 '자만하지 말고 겸손하라'는 것이다. 문득 작은 성공에 기고만장하여 세상에 무서운 것이 없었던 지난 시간이 주마등같이 지나갔다. '대인춘풍 임기추상(對人春風 臨己秋霜)'이라, 남을 대할 때는 봄바람처럼, 자신에게는 가을 서리처럼 하라는 엄준한 가르침을 받았다. 두 번째 화두는 '선입견과 고정 관념을 깨라'는 것이었다. 우리는 세상을 자기만의 창틀로 보고 있지 않은가? 창틀 안에 보이는 것만 믿고 보이지 않는 것은 받아들이지도 않는 어리석음을 범하고 있다. 그 아집과 관념마저 없애 버린다면 더 큰 세상을 볼 수 있다. 세 번째 화두는 '사심을 버리고 공심을 가지라'는 말씀이었다. 사사로운 이익보다 이타심과 세상을 이롭게 하고자 하는 사명감을 가질 때 더 큰 가치가 있다는 의미로 해석했다. 스님과의 만남은 짧았지만 세 가지 화두를 마음에 새길 수 있다는 것은 참으로 고마운 일이었다.

세월이 지나 우연히 긍표 스님을 다시 뵐 기회가 있었다. 반가운 마음에 서로 안부를 물었다. 나는 마침 새로 창업을 앞둔 시점이라 스님께 나름의 사업 계획과 목표를 장황하게 설명해 드렸다. 다 들으시더니 바로 한마디를 던져 주셨다. "말 많이 하는 놈 치고 잘되는 걸 본 적이 없다." 말을 앞세우지 말고 행동하라는 네 번째 법문이 되었다.

영혼이 춤추는 일을 하시게 - 이어령 선생님

2022년 매화가 꽃망울 터트리던 2월 어느 날 궂긴 소식이 들려왔다. 이어령 선생님의 부고였다. 오랜 투병 사실을 알았던지라 언젠가 부음이 올 것이라고 예상은 했지만 막상 받고 보니 가슴이 철렁했다. 이어령 선생님은 마지막까지 항암 치료도 받지 않은 채 집필과 인터뷰 등 왕성한 활동을 하신 이 시대의 존경받는 어른 중 한 분이다. 한국 문화와 동북아 비교 문화를 다룬 수많은 글과 말을 남겨 주신 당대 최고 지성인이기도 하다. 선생님이 남겨 주신 '가장 한국적인 것이 가장 세계적이다'라는 명언은 내 삶의 굳건한 지표이기도 했다.

나와 선생님의 인연은 20여 년 전으로 거슬러 올라간다. 1999년 1월, 아침햇살 출시를 앞두고 일면식도 없던 이어령 선생님을 당돌하게 찾아뵈었다. 아침햇살을 문화 상품으로서 인정받고 싶다는 고민과 함께 조언을 구하니 쌀이 가진 의미를 들려주며 용기를 북돋아 주셨다. "쌀을 주식으로 하는 곳은 많지만 숭늉 문화는 우리밖에 없습니다. 밥 짓는 방식도 달라요. 다른 나라에서는 밥을 찌지만, 우리는 누려서 누룽지와 숭늉을 만들어 먹었죠. 숭늉을 음료화하는 건 충분히 문화 상품으로서 가치 있는 일입니다."

또 '쌀 미(米)'에 담긴 의미와 문화 상품으로서 지닌 쌀 음료의 가치도 높이 평가해 주셨다. 음료 시장에 '백색 혁명'을 일으키고 싶다는 젊은 청년의 호기에 동조해 주신 이어령 선생님 덕분에 내가 가는 길이 충분히 의미 있는 길이라는 확신을 가질 수 있었다. 그렇게 예사롭지 않은 인연이 시작되었다. 아침햇살 1주년을 기념하며 찾아뵈었을 때는 "아침햇살은 시인이 시집 100권을 내는 것보다 더 큰 문화 운동이다"라며 격려해 주시기도 했다.

이후 2000년에 새천년 준비 위원장 시절을 함께하며 각별한 시간을 보냈다. 초록매실 출시를 앞두고 찾아뵈었을 땐 마침 한·중·일 문화 비교를 다룬 책을 준비 중인데 반갑다면서 책 본문에 초록매실 이야기를 추가해 주셨다. 광양 매실 축제와 '매실 세계화 기획단'의 고문을 기꺼이 맡아 주시기도 했다.

그렇게 인연이 이어져 20년이 지난 뒤엔 세계 최초의 검정보리차 블랙보리를 들고 찾아뵈었다. "이번엔 흑색 혁명입니다"라고 했더니 "맞아! 세상에 밥 말아 먹을 수 있는 음료 있으면 나와 보라고 해"라고 하시며 껄껄 웃으셨다. 선생님의 저서 《흙 속에 저 바람 속에》에서 강조한 우리나라 숭늉이 수십 년 만에 음료로 나왔다면서 크게 기뻐해 주셨던 표정이 아직도 선하다. 당시에 이미 암 선고를 받아 컨디션이 좋지 않으셨지만 블랙보리 출시 행사에서 영상으로나마 진심 어린 축사를 전해 주셨다.

돌아가시기 얼마 전까지도 전화로 응원을 해 주셨는데 부고 사실이 실감 나지 않았다. 내가 웅진과의 인연을 마무리하며 미국으로 떠나기 전에 찾아뵙고 인사드렸을 때는 혹 급한 일이 생기면 연락하라고 뉴욕에 있는 지인의 연락처까지 챙겨 주셨다. 그때 마지막으로 하셨던 말씀은 지금도 내 영혼에 새겨져 있다.

"이번에 여행 다녀오면 영혼이 춤추는 일을 하시게."

생전에 늘 따뜻하게 살펴주시고 힘이 되어 주신 선생님께 깊은 감사를 전한다.

대몽대각 - 현대 서예가 황석봉

아침햇살 디자인 모티브 제작을 의뢰하기 위해 처음 만났던 황석봉 선생님과의 인연이 벌써 25년을 넘었다. 100년 가는 디자인을 만들겠다고 기(氣)-아트 황석봉 선생님을 찾아뵈었는데, 그 후로도 내 삶에 큰 변화가 생길 때마다 불쑥 나타나 힘이 되어 주시는 각별한 존재다. 신제품을 낼 때마다 한 번씩 찾아뵙고 디자인 모티브를 부탁드리기도 하며, 전시회를 하실 때마다 하나씩 모은 작품도 지금은 여럿이 되었다.

웅진식품 대표이사 취임을 하고 만난 자리에서 '대몽대각(大夢大覺)'이라 적힌 휘호를 한 장 건네받았다. '꿈이 클수록 깨달음도 크다'는 의미의 문구다. 받자마자 눈물이 왈칵 쏟아졌다. 문득 지나온 날들이 주마등처럼 지나간 탓이었다.

이후 웅진식품의 대표이사 직을 내려놓고 미국으로 외유를 떠나기 전 선생님께 전각 작품 하나를 전해 받았다. 4개월간의 주유천하 콘셉트는 그동안 가졌던 마음의 창을 부숴 버리고 청정심으로 세상을 보자는 '무문청감(無門淸鑑)'으로 정했었다. 선생님은 우주에서 바라본 푸른 별, 지구를 닮은 돌에 나의 아호인 '운경(雲耕)'을 새겨 주셨다.

'뜻밖의 기쁨'이라는 뜻의 'Serendipity'라는 단어가 있다. 내 삶에 찾아온 '세렌디피티' 중 하나는 황 선생님께 두 번째 아호를 받았을 때였다. 당시 캘리그라피와 어반 스케치 그림 공부를 하던 중이었는데, 공부를 하다 보니 낙관을 갖추고 싶었다. 그동안 음양각으로 다양한 낙관을 갖고 있었지만 작품 첫머리에 찍는 두인과 함께 겸사겸사 아호도 하나 부탁드렸다. 얼마 후 아호와 함께 전각을 새겨 놓으셨다는 연락을 받아 한걸음에 달려가 큰절을 올렸다. 그렇게 받은 아호는 시궐(屎橛), 똥 막대기였다. 청할 때 선생님께 세상에서 제일 비루한 호를 하나 주십사 했는데 너무 큰 공안을 아호로 주셨다.

시궐은 운문(雲門)선사의 유명한 공안 중 하나인데, 부처가 무엇인지 묻는 수행자에게 '마른 똥 막대기'라고 했다고 한다. 똥이 말라서 막대기처럼 되어 흔하게 굴러다니듯 어디에나 불(佛)이 존재한다는 말로 해석하기도 하지만, 나는 늘 본성을 잊지 말라는 의미로 받아들였다. 똥 시(屎)가 '사람 몸속에서 나오는 쌀'이라는 뜻도 재미있다.

순수 예술가들을 만나는 것은 항상 뜻깊고 신나는 일이다. 그들과 대화를 나누면 생각이 정리되고 본질에 가까이 가려는 노력을 하게 되며, 아이디어도 잘 떠오른다. 황석봉 선생님과의 만남이 내게 그러한 영감을 주었다.

운경(雲耕) - 조선백자 명장 항산 임항택

40대 초반에 조선백자와 분청사기 부문의 명장인 항산(恒山) 임항택 님을 만날 기회가 있었다. 도자기 촌으로 유명한 경기도 이천에서 불가마로 도자기를 굽는 방식을 고수하고 계신 분이다. 이천이 도자기의 명산지로 유명한 이유는 질 좋은 황토 흙과 땔나무를 구하기 좋아서라고 한다. 좋은 황토로 빚은 자기를 600℃ 이상에서 1000℃까지 되는 높은 화도에서 구워낸다. 가마를 온도에 따라 네댓 번 옮겨 가며 굽는다는 이야기는 장인의 숨결을 느끼기에 충분하다. 거나하게 술잔이 오고

갈 즈음 항산 선생은 내게 '운경(雲耕)'이라는 호(號)를 지어 주셨다. 운경이란 '구름을 경작하는 마음으로 살라'는 뜻이다. 여기서 구름이란 세상, 회사, 그리고 나 자신일 수도 있다. 좋은 씨를 골라 정성껏 심고 가꾸는 농부의 마음으로 세상을, 회사를, 자신을 잘 경작하라는 의미로 받아들였다.

우리의 세계화 이념,
얼쑤이즘(Earthism)

세계화에 편승하지 말고 주도하라

2002년 월드컵을 앞둔 2000년도를 잊을 수 없다. 나는 세계 각국에서 온 선수와 관광객 들이 한국을 방문하여 마트에서 음료를 고르는 모습을 상상했다. 그곳에 오렌지, 커피, 콜라와 같은 외국 음료밖에 없다면 부끄러운 일이라는 생각이 들었다. 한국에 왔으면 한국 고유의 음료를 찾지 않을까? 그때 반드시 전국 편의점에 우리 음료를 진열시켜야겠다고 다짐했다. 그리고 2002년이 되었을 때는 아침햇살, 초록매실, 하늘보리 등의 제품이 편의점 판매 순위 10위 안에 들어 있었다. 외국인들이 우리 음료를 집는 모습을 보는 건 월드컵 경기를 보는 것 이상으로 흐뭇했다.

그렇게 글로벌 시장의 문을 두드리겠다는 포부로 가슴이 부풀었던 시절, 나는 세계 시장에 나서기 위해 명쾌한 세계화 이념 정립이 필요하다고 생각했다. 그래서 만든 것이 '얼쑤이즘'이다. 영어로는 'Earthism'으로 명명하고 더 넓은 폭에서 사용하기 시작했다. 얼쑤이즘은 2003년 국립국어원에 신조어로 선정되기도 했다.

21세기에 접어들면서 세계화는 전 지구적인 현상이 되었다. 국경 없는 전쟁이라고 표현할 만큼 자국의 이익을 앞세운 경제 활동이 금융에서 농업에 이르기까지 전 산업에 걸쳐 치열하게 요구됐다. 주로 경제 강대국이 상대적으로 약소한 개발 도상국이나 후진국을 상대로 개방화를 주도하는데, 세계 경영의 중심에 서려는 강력한 경제 전략으로 보인다. 물론 개발 도상국이나 후진국 입장에서도 강대국의 경제 전략에 맞추어 자국 이익을 도모하려는 경향을 보이며 이러한 세계화에 편승하고 있다. 그러나 현실적으로 강대국이 이끌 수밖에 없는 세계화의 결과는 그리 낙관적일 수만은 없는 듯하다.

강대국의 자본이 약소국의 산업을 지배하는 것뿐만 아니라, 어쩌면 산업 현장에서 생산 활동을 하고 동시에 이를 소비하며 생활하는 국민의 의식까지 주도하게 될 수 있다. 강대국의 자본이 다른 국가에 진출하게 되면 자본의 재생산에 그치지 않고, 그 국가의 전반적인 국민 의식과 문화까지 변화시킬 수 있다는 점에 세계화의 허구와 위험이 있는 것이다. 우리가 강대국 중심의 세계화 논리를 경계해야 하는 당위성이 바로 여기에 있다.

나는 이러한 세계화의 확대에 반성 없이 손발을 맞추는 일에 심히 불편을 느낀다. 우리를 비롯한 대다수 국가가 사실상 세계화의 중심이 되어 경쟁 자체를 주도하지 못할뿐더러 적극 참여하지도 못하는 것이 현실이다. 이 점을 극복하기 위해 전 세계인이 공정한 게임을 할 수 있어야 한다. 각국이 적극적으로 참가하여 세계화를 추진해야 공존 속에서 경쟁하는 관계를 형성할 수 있다고 본다. 이러한 세계화 노력의 일부로 나는 '얼쑤이즘'을 주창하고 싶은 것이다.

얼쑤이즘이 표방하는 진정한 세계화

한국의 전통문화인 마당극이나 판소리를 보면 연희자와 구경꾼은 하나가 되어 어울린다. 연희자가 연행을 이끌지만 구경꾼은 관람만 하는 것이 아니라 공연에 가담하여 흥을 돋우고 흐름에 참여한다. 이때 넣는 추임새가 '얼쑤'다. 얼쑤는 객체가 주체로 전환되고 또 주체가 객체로 전환되어 서로 하나가 되는 소리이다. 기본적으로 '얼쑤이즘'은 이것에서 따 왔지만 한국 전통문화의 정신을 바탕으로 전 국가와 민족이 상호 공생 관계라는 깊은 의미를 내포한다. 연희자와 구경꾼이 서로의 존재를 인정하며 주요한 대목마다 역할을 바꾸어 연행을 진행하는 힘인 것이다.

얼쑤이즘은 바로 이 추임새에서 따왔다. 한국 전통문화를 바탕으로 지구(Earth)에 존재하는 전 국가와 민족이 주체이자 객체로서 존중하고 공생하는 관계라는 의미도 내포한다. 인류의 터전인 지구는 어떤 국가도 독차지할 수 없는 생산적인 대지이다. 전 국가가 주인인 것이다. 이런 의미를 결합한 다의적인 용어가 바로 '얼쑤이즘'이다.

세계화는 세계를 하나의 인간 사회 시스템으로 파악한다. 이는 인류 평화, 경제적 복지, 사회적 정의, 환경과의 균형 등을 실현하기 위한 이념으로서 글로벌리즘(Globalism)이라고 불린다. 이 글로벌리즘은 보편성을 지닌 이념이라고 할 수 있으며 세계화를 주창하는 논리의 핵심 정신이기도 하다. 하지만 현실적으로 강대국 중심의 세계화가 추진되는 문제를 간과해서 안 된다는 점에서 얼쑤이즘은 그를 대체하거나 그에 대응할 수 있는 이념이 될 수 있다고 본다.

글로벌리즘이 탈국가적·초국가적인 국제 주체에 의해 상호 의존도를 높이고 경제적·사회적 상호 교류를 전개하는 것이라고 하지만 어느 정도 강대국의 정치적 역량과 자본력에 의한 획일화 현상을 인정해야 하는 개념이다. 반면에 얼쑤이즘은 각 국가와 민족의 고유성을 인정하고 각각의 국가와 국민이 주체가 되어 문화의 다양성을 추구하면서 경제적 교류를 통해 세계화를 도모하는 것이다.

넓은 의미에서는 글로벌리즘을 내포하고, 궁극적으로 각 국가의 지리적·자연적 특성과 고유한 문화를 인정하면서 그것을 세계적인 자산으로 삼고 향유하자는 이야기를 담는다. 아울러 각국의 경제를 유기적으로 살리는 지구 공동체 의식이 곧 얼쑤이즘이다.

경제적인 측면에서 국가 간의 무한 경쟁은 피할 수 없는 흐름이 되었다. 하지만 정치적 역량이나 자본력보다 문화적 고유성과 다양성을 긍정하며 각국의 산업을 협력적으로 육성해 나간다면 인류의 공생과 공존을 이룰 수 있을 것이라고 본다. 즉, 세계를 경영함에 있어서 각 국가와 민족이 대립적이고 갈등적인 관계에서 벗어나 상호 중심적인 관계가 되는 것이다. 한 국가 안에서도 각 지역의 특성 있는 문화와 환경을 유지하면서 함께 미래를 개척해 나가는 협력적인 관계 시스템을 구축해야 한다. 이런 얼쑤이즘의 정신 속에서 여러 나라와 민족 간의 관계를 소중하게 형성하는 것이 바로 진정한 세계화가 아닐까.

전 세계의 국가와 민족, 기업 그리고 개인들이 각자의 개성과 특성을 존중하고 인정하며 이를 자유롭게 공유하는 세상을

꿈꾼다. 그 안에서 함께 성장하며 공존하는 활기찬 세상, 이것
이 내가 꿈꾸는 진정한 세계화이자 지구화다.

해내는 것

초판 1쇄 발행 2024년 12월 18일

지은이   조운호
펴낸이   박영미
펴낸곳   포르체

책임편집   이경미
마케팅   정은주 민재영
디자인   황규성

출판신고   2020년 7월 20일 제2020-000103호
전화   02-6083-0128
팩스   02-6008-0126
이메일   porchetogo@gmail.com
포스트   m.post.naver.com/porche_book
인스타그램   porche_book

ⓒ 조운호(저작권자와 맺은 특약에 따라 검인을 생략합니다.)
ISBN 979-11-93584-93-4 (03320)

여러분의 소중한 원고를 보내주세요.
porchetogo@gmail.com